# 消逝的韓光

李韓率 · 이한솔

## 致台灣讀者

# 站在攝影機後的，是活生生的人

二〇一六年十月二十六日，講述鷺梁津國考考生故事的CJ ENM火紅連續劇《獨酒男女》的副導播李韓光PD，也就是我的哥哥，奮力地抵抗了令人窒息的工作環境，然後永遠離開人世。他在遺書中提到：「為了做出我們想要的成品，把人們叫來，一天超過二十個小時的勞動，在他們背後用力推著、催促著早已疲憊不堪的這些勞動者們，這種曾經是我最不屑的人生，我難以再繼續維持下去了。」向殘忍的連續劇勞動現場，提出無聲的控訴。

哥哥的死絕非只是個案，它代表在暴力的連續劇工作環境中，那些被虐待、只想睡一覺的勞動者們的吶喊，也是整個社會的悲劇。

我們與現場從業人員、許多民眾一起努力讓此事件被大家看見，引發討論，最後也得到了CJ ENM如此巨大企業的正式道歉。然而，哥哥已經離開三年，韓國的連續劇環境還是沒有改變。現場勞工們仍然被緊迫的拍攝日程搞得身心俱疲，沒有休息的時間，只能趁空檔到角落稍微瞇一會。哥哥過世後，「他們生存的世界」仍然沒有一絲改善，這也是身為韓光哥弟弟的我，決心提筆寫下《消逝的韓光》這本書的原因。

《消逝的韓光》是韓國第一本揭發攝影機背後，那些被遮住的惡劣工作環境的書籍。能讓不在連續劇產業工作的人，也能輕易了解現場問題。我為了寫這本書，親自在劇組拍攝現場之間奔波，了解他們最真實的工作日常。也收集了許多資料、與相關人士訪談，如實地將錯誤的片場環境傳達出來。此外，我也匯集了工作人員的心聲，並提出改善方案。因為哥哥的離開，而成為遺屬的我，現在以遺屬的身分，真摯地希望不要再發生這樣的社會性悲劇，用我最懇切的心與最深最痛的執著，用心寫出這本書。

我有聽說韓國連續劇在台灣也非常盛行。希望大家不要忘記，在耀眼華麗的鎂光燈之下，還有那些為了做出美麗內容而努力的人們。希望可以藉由這本書，讓觀眾們知道他們的世界，去支持那些幕後工作者，去試著體會他們誠摯的心。最後，我想感謝台灣日月文化出版社與韓國 philosophik 出版社，謝謝他們願意出版這本書。我也在這邊對默默守護台灣影劇產業的工作人員們，致上我最深的敬意，為他們加油。

李韓率 이한솔

推薦序

# 絢爛鏡頭照不到的陰暗過勞死角

孫友聯／台灣勞工陣線秘書長

近二十餘年來，韓國影視產業風靡全球，不僅讓韓國一舉躍升為全球影視和流行音樂重鎮，更形成一股強勁的「韓流」，帶動包括服飾、飲食、美容化妝品、學習韓語，以及旅遊觀光產業發展。尤其是口碑俱佳劇情又往往充滿唯美浪漫的韓劇，只要一推出必引領話題，無論在國內或國外都能「收視率長紅」，讓製作公司和主要演員坐收美譽。然而，鎂光燈照得到地方總是光鮮亮麗，但那光線穿不透的陰暗死角，卻是一群為數不少的影視產業幕後勞工，不眠不休在極差的血汗勞動環境中，成就一個又一個上億產值的收視率神話。

這是一本記錄、探討知名韓劇《獨酒男女》，年僅二十八歲副導殞落故事的一本書。作者是當事人的家人，在事發後鍥而不捨追求真相，揭露影視產業鏡頭照不到的陰暗死角，而故事主角李韓光，就是在極度血汗過勞，又充滿職場霸凌的工作環境中，選擇以自殺結束生命。根據家人、同事的控訴，以及事發後六個月完成的一份調查報告，他不只長期在高壓環境下工作，從通訊紀錄推估工時，生前工作時曾一度在五十五天內僅休假兩天；工作嚴重超時外，因為各項的潛規則和影視圈不當的職場文化，並且經常遭受無理的言語霸凌、職權暴力等身心之不法侵害，最終導致悲劇的發生。無疑，這是個典型的「過勞職災」，在雇主長期違反勞動法工時規定，而又因工作異常負荷及承受高壓環境，最終成為壓垮駱駝的最後一根稻草。

製作公司嚴重違法侵害勞工權益，又在事發後死不認錯的把所有的責任推給當事人的態度被揭露後，引起社會各界輿論撻伐，同時也讓該部熱劇蒙上陰影，雖然最終迫使公司高層道歉，並承諾會改善電視劇業界的製作環境，但這個被揭露的個案其實只是韓國影視界血汗勞動冰山的一角，近年來陸續傳出韓國演藝人員輕生的新聞，亦突顯了這個產業，無論是光鮮亮麗的台前，還是幕後鏡頭照不到的血汗，都有很大的改進空間。而受害者的家屬收起傷痛的心情，成立了「韓光媒體勞動人權中心」，透過倡議行動，避免下一個韓光殞落。

在台灣，長期以來勞工在「長工時、低工資」的血汗經濟模式下，過勞職災的案件亦層出不窮，近幾年來才受到政府及社會的高關注，這也是後來許多團體如台灣勞工陣線、台灣職業安全健康連線共同努力倡議改革，避免再有人因過勞而倒下的悲劇再發生。這本書，完整把一個過勞個案的發生、事後究責，以及各界在預防工作上的努力完整記錄書寫下來，無論是對於國內或國外政策擬定、預防職災，以及改善勞動條件的努力，都是最好的提醒。

「人生自古誰無死，但我拒絕過勞死！」就讓我們一起為一個沒有過勞、沒有職場霸凌的社會而努力。

推薦序

# 讓光照亮那些黑暗

何撒娜／東吳大學社會學系 助理教授

寫這篇文章的時候，我正在遙遠的以色列參加一個韓國流行文化研究的學術研討會。來自將近二十個不同國家的專家學者們，熱烈地發表、討論著關於韓流的研究。許多焦點關注著韓流的光鮮華麗，像是韓流帶動了多少經濟活動、軟實力怎麼改變國際關係、或是不同國家的年輕人們如何被BTS對生命的關注所療癒等。大家熱切地討論韓流所帶來的各種正面效應，期待透過文化交流的不同形式，來拉近並改善彼此的關係。

然而，在這許多光鮮亮麗現象的背後，原來有那麼多無法被韓流那些閃亮光芒所照亮的角落。閱讀李韓率這本書的過程裡，我幾度不敢相信自己的眼睛。看到拍攝現場的工作日誌，每週工作超過一百個小時，甚至有幾天是早上七點集合、隔天清晨五點收工、二個小時後又再度集合工作的例子。我早就聽說韓國連續劇或電影拍攝過程很血汗，卻不知道已經到這種接近凌遲、挑戰人類極限的程度。這麼密集、強度的工作狀況，換成任何人，就算身體勉強支撐著，精神與心理狀況也一定遲早出問題。更何況，這麼拼命工作的結果，換來的卻只是低薪收入與工作狀況的不穩定。唯一能支持這些幕後工作人員的理由，只有對於自己工作的熱愛與熱情。

我因此覺得汗顏與抱歉。我這麼喜歡觀看的韓劇與韓國電影，原來都是許多幕後工作人員被剝削的結果，而我卻並未察覺，也很少關心。李韓光ＰＤ自殺的消息，我曾經短暫地關注過，但隨著新的韓流作品不斷地推出，我很快地就忘了這件事情。

韓國電視劇拍攝過程中的血汗程度，其實反映出的是韓國整體社會裡對人的不尊重。在新自由主義強勢的主導之下，韓國固有的上下階級關係變得更加惡劣。位於權力、社會、與經濟地位的上位者，對位於其下的人們失去了基本的尊重與關心。韓國社會的流行語「媽蟲」，嘲笑貶抑著辛勞操持家務的婦女。前一陣子大受國際好評的電影「寄生上流」，韓語原來的標題是「寄生蟲」，直接點出下層階級人們不被當成人看待的處境。

李韓光PD的弟弟李韓率，不願意自己哥哥為了所熱愛的工作平白犧牲，因此成立了「韓光中心」，開始積極試圖改善影視圈從業人員所面對的困境。我們需要更多這樣的人，真實勇敢地面對這些非人的情境與待遇。韓國的流行文化為我們帶來許多的美好，讓我們也一起關心並改善這些幕後工作人員的艱難處境。

不只韓國，我相信台灣應該也有一樣的血汗問題。韓光PD用自己的生命來抗議這個過度剝削勞動人權的問題，突顯出這個行業的黑暗面與嚴重性。

讓我們一起努力，與韓光PD一起成為那道光。不管在哪個行業，不管在哪些領域，但願都不再有黑暗的角落，讓勞動與工作享有原本就應有的充分尊重與尊嚴。

# 序　他們生存的世界

拍攝現場，工作人員們半開玩笑地說出「壓榨勞工」這樣的話語，深深地挖進我的胸腔，當然，我也不過只是個勞工，只是在他們面前，我就是個壓榨勞工的管理者沒錯。

為了做出我們想要的成品，把人們叫來，一天超過二十個小時的勞動，在他們背後用力推著、催促著早已疲憊不堪的這些勞動者們，這種曾經是我最不屑的人生，我難以再繼續維持下去了。

——節自李韓光PD[1]遺書——

要嘲笑我寫的這本書，很容易。

我沒拍過連續劇，也沒寫過影劇評論，比起連續劇，我更喜歡綜藝節目，只是個平凡的觀眾而已。連一根腳指頭都未曾踩進業界的我所寫的這本書，是很有可能被演藝界、影劇圈的「專家」們嗤之以鼻的。

我並不害怕成為他們的笑柄。

二〇一六年秋天，我所敬愛的親哥哥李韓光，離開了人世。韓光哥擔任連續劇《獨酒男女》的副導播，並且想改變連續劇拍攝現場累積的種種問題。

那年秋天過後，到隔年夏天為止，我動身去尋找哥哥曾經想解決的、連續劇業界的陳年問題。我開始尋找問題，對身為普通觀眾的我來說，那段時間的日常，就是不斷地遭遇嘲弄，「什麼都不懂的傢伙，來亂什麼？」

此外，我們家屬也受到不少威脅，說「不要以逝者為藉口，損害我們公司名譽」。

哥哥失蹤的那天，母親並沒有從電視台前任ＰＤ那裡得知兒子的生死，而是不斷聽著對方「說明」死者最近的工作表現有多麼糟糕。母親焦急地不斷向前任ＰＤ道歉，不料，幾分鐘後，就得知哥哥死訊，這是母親所經歷的可怕經驗，是公司為了迴避責任而做出的蠻橫行為。之後，我一路忍受電視台那

1　ＰＤ：「導播」的英文原文為program director，ＰＤ即為其縮寫。

幫人惡毒到難以讓人接受的侮辱，所以，這點嘲弄，根本不算什麼。

站在攝影機後的，是活生生的人啊！

太過理所當然的事實，在連續劇拍攝的工作現場，卻並非常識。當系統零件有缺失時，就會產生社會性的副作用。懷抱夢想進入業界的許多人，被當成免洗用品消耗掉，受到傷害而離開了現場，即使如此，電視台與製作公司卻依舊持續著現在的系統，因為這個系統能獲得最大的利益。「這個業界，本來就是這樣。」所有人都像機器一樣，反覆說著同樣的話。

然而，從二〇一七年四月起，情勢開始逆轉。叫我們少去找麻煩的電視台高層們，在我和我同事（tvN《獨酒男女》新人助導自殺事件對策委員會，以下簡稱「委員會」）的努力之下，讓大企業電視台被認定有直接責任、約定對策，防止類似事件再次發生，以及得到CEO的道歉，讓這些人之前的嘲弄顯得失色。這是連續劇業界那些「老屁股」們想都想不到的結果。

未曾涉足連續劇業界的我們，能夠創造這個奇蹟，都是因為有電視台現場勞工們的協助，才有可能辦到。身為門外漢，我們的行動能夠得到現任從業人員們的支持，原因無他，正是因為人們的關注與觀點。沒有什麼特別的，就是從連續劇業界外看向業界內的、最普通的觀點，看見「站在攝影機後的，是活生生的人啊！」這個事實的觀點。

連續劇的焦點，總是在主要演員、導演和明星編劇等人的成功經驗談上。只有導演嶄新的企劃、演員演技或形象大變身、明星編劇獨特的故事題材等，會暴露在大眾面前。從他們口中經常聽到的那些「辛苦的」故事，不外乎是：成為名導演前，自己熬過無數個「請回答！助理導播！」的夜晚；為了拍好戲，每天都要拿出刻苦耐勞的意志力來化解危機，度過「機智的連續劇製作生活」……

他們這些大風大浪的連續劇成功經驗，如果用最普通的觀點來看，會如何呢？刻苦耐勞地熬過無數個夜晚的工作，其實就是「違反勞動基準法」；電視台不是為了把連續劇拍好，而是為了當「擁有這些好劇的大老爺」；員工們每週工作一百個小時的話，這些人的實際雇主—電視台老闆，就是「罪犯」。

現場發生的不道德行為，還不只如此：司空見慣的人格侮辱、學徒文化而導致的暴力性工作指示、契約型態導致的各種刁難、經常發生卻浮不上檯面的性暴力，這些都是連續劇製作現場的現實。

這些大風大浪、克服逆境的經驗談，用我們一般人的觀點來看，根本就是像「犯罪都市」這樣冷酷無情的犯罪連續劇。他們就是連續劇拍攝現場不道德現實的幫兇或支持者，更是共犯。

過去兩年半，我致力於在黑暗的拍攝現場照入一絲光線。在分析並呈現現場問題的過程中，我不需要成為影劇製作專家，我只要以普通的觀點，看著華麗燈光背後的黑暗，並對位在該處工作的人們說出肺腑之言，那就是我扮演的角色。

本書記載的，是連續劇製作現場中最殘酷的現實，沒有帥氣藝人與成功導演的故事。書中滿載的，是過去鮮少發出的、來自工作現場的聲音；是一直不被重視的、最普通的聲音。我寫下的，是工作者們「生存世界」的故事。

在連續劇《獨酒男女》之後，在《花遊記》、《李屍朝鮮》、《雖然三十但仍十七》等劇的拍攝過程中，連續傳出有人受傷或死亡的駭人消息。即使如此，攝影機後面的勞工們，依舊無法賭上自己的職業與前途，具名說出現場發生的事情。如同韓光哥的遭遇，只要說錯一句玩笑話，就會被威脅「讓你再也踏不進這個業界一步」。加入工會，或是提出問題的人們，要不被排擠霸凌，就是在下部作品中被除名，這些事一而再再而三地發生。以「我知道你很累，但我們也只能這樣拍而已」、「以前比現在還要嚴重好嗎」等話語，將情況合理化的業界，依舊被理所當然地接受。連續劇拍攝現場，是一種長時間進行的封閉性作業，在特性上難以期待從內部產生自發性的變化。

我們很難期待業內人士的覺醒，所以，為了讓這道堅固的牆產生龜裂，更需要外界人士的關注。在今日的連續劇製作現場中，有著無力的勞工們、說不出口的悲慘故事，哥哥應該是業內少數想要將這些黑幕公諸於世的人吧，我只是代替他去做這些事而已。因為我在連續劇業內的利害關係與構造中是自由之身，所以可以站在勞工的立場，以一般人的觀點描繪出連續劇製作現場，使這本書具有意義。

這本書說的，雖然是連續劇製作現場的故事，但對於懷抱著連續劇製作相關職業夢想的人來說，恐怕沒什麼能夠帶來激勵的正面資訊。兩年半前，我拚命想要向他們討一個道歉的那間電視台，做出了《獨酒男女》、《鬼怪》等熱銷作品，看著他們一帆風順的模樣，令我咬牙切齒地緊盯著他們的每一齣戲的製作過程。在我執著的頑固中，有著傲氣與感性。而為了延續韓光哥想帶給電視台勞工們希望的遺願，我們設立了「韓光媒體勞動人權中心」（以下簡稱「韓光中心」），傾注充滿血與汗的努力。

希望攝影機後面艱辛苦撐的眾多劇組從業人員們，有一天能得到電視台與製作公司的道歉。也希望勞工們與我分享的觀點和感受，能成為小小基石，能解決拍攝現場長時間無法改善的沉痾。

本書大致分為三個章節。

首先要瀏覽一下連續劇的製作系統，在理解製作系統的大框架之後，就能更簡單地說明如今現場從業人員們長時間勞動的痛苦了。特別是在韓流熱潮被掀起之後，製作單位轉而追求更高效率的作法，從那時起，便出現了簽約方式的問題，我希望能帶領讀者一窺宏觀且具體的問題所在。

之後是電視台製作現場脆弱環節的實際故事。首先，我整理了連續劇拍攝現場不合理的職位制度、慣例與文化。並舉出副導及約聘員工，女性、兒童、青少年演員等拍攝現場弱勢族群的案例。再來是舉報與商談，包含撰寫本書期間所見人們的訪談、連續劇相關之其他職業的訪談等。由這些部分共同組成的第二章，希望能透過這些內容，呈現出拍攝現場的問題點。

為了創造讓工作人員們能受到尊重的連續劇製作現場，在最後一章裡，我記載了一些可能的替代方案。韓光哥過世後，許多人為了解決這些問題，集思廣益、群策群力，透過海內外各種案例的研擬，規劃出了能夠給予從業人員希望的方案，我會在書中介紹給各位讀者。

始於哥哥之死、攝影機後工作者們的戰鬥，仍未結束。直到充滿閃亮人物的連續劇背後，那黑暗的製作現場被照亮為止，李韓光會一直以現在進行式留存。在聽到李韓光未完待續的眾多故事後，如果您有心想成為照亮他們的其中一道光芒，就請繼續閱讀這本書中記載的更多故事吧。

不只是知名編劇或導演，在此，要對站在攝影機後面、如今依舊認真奔跑的你，致上誠摯的謝意。攝影、燈光、現場收音、音響、美術、器材、場記、服裝、梳化、武術、特殊效果、後期製作組、編劇、FD[2]、AD[3]、企劃、製作、副導等，皆在各自的領域中盡力做到最好，我想為這些連續劇製作現場的人們致上尊重與應援。希望這本書能讓像我一樣的觀眾們產生同感，成為替影劇工作者們應援的契機。即使這本書將許多黑幕赤裸裸地呈現出來，仍希望能成為一個讓工作人員不放棄最初夢想的出發點。

最後，要感謝的人很多：冒著暴露身份風險接受採訪的所有從業人員、幫助我企劃及順稿的朋友們與出版社編輯、韓光中心一起工作的正職員工們，以及知倫、京昊、西風、僖祚、丞娟理事、為解決問題而四處奔波的社會運動者們、幫助順利解決《獨酒男女》問題的「韓國青年勞動工會」及對策委員們、親愛的爸媽以及韓光哥，我想對你們說聲謝謝。

2 ＦＤ：「現場指導」的英文原文為 Floor director，ＦＤ即為其縮寫。

3 ＡＤ：「助理導播」的英文原文為 Assistant director，ＡＤ即為其縮寫。

## 第二章 CLOSE UP

## 攝影機後面，沒有這些事

# 第一章　FULL SHOT

## 連續劇製作的 6W 原則

# #1 上岩洞故事

## AM 05:00

冬天尚未到來，上岩洞的清晨卻已十分淒冷，在巨大的建築物叢林間，颳起蕭瑟冷風。打破陰沉寂寥上岩洞拂曉寂靜的，正是連續劇的工作人員們。他們為了趕上拍攝現場的出發時間，每日清晨都搭著公車前往集合場所會合。

在大型產業聚集的上岩洞，雖有各種職業的人們來來去去，但要從中區分出連續劇工作人員，是非常簡單的：雖然還是秋天，卻看到如身處嚴冬中般穿著長版羽絨衣全副武裝的人們，這些人就是連續劇工作人員。對徹夜拍攝是種日常的他們來說，長版羽絨衣是為了應對季節交替的必需品之一。韓光中心為了增加與電視台勞工們見面約訪的機會，也經常在清晨進行宣傳活動。通常會在汝夷島3號出口集合，有時候也會集合在上岩洞。

今天，我們在上岩洞ＭＢＣ[4]前集合後出發。主要ＰＤ為了拍攝準備工作而規定的集合時間——也就是所謂的「通告時間（call time）」——是上午七點。隨著每週超過一百個小時的長時間高強度拍攝行程持續下去，工作人員臉上的憔悴表露無遺。當然，也還是有才剛跳入這個環境、滿心期待等著工作車輛出發的人。

以清晨來說，並不安靜，卻又不如日間市聲鼎沸般喧囂的上岩洞，就在劇組人員高喊「現在要出發囉！」之後，開始了新的一天。

4　ＭＢＣ：為韓國一家國營廣播電視公司。英文名為「Munhwa Broadcasting Corporation」，因此以「ＭＢＣ」為縮寫，韓語原文為「문화방송 주식회사」，漢字為「文化放送株式會社」。

## AM 09:00

「這樣拍下去，會死人的。」

結束宣傳活動回到辦公室，打開韓光中心的「媒體申冤鼓[5]」聊天室一看，前一夜，又有一個案件舉報傳進來。是個只要一講出劇名、主演、製作公司名稱，韓國全民無人不知、無人不曉的劇組。舉報者提出控訴，說自己正在撐過第三週、每週超過一百二十小時工時的拍攝行程，請我們救救他。

現在，這部連續劇每天都掛在綜藝新聞的頭條上，聲勢銳不可擋。為什麼會這樣呢？因為主要ＰＤ是位知名導演，之前已經拍過一部撫慰青春的熱門連續劇，而主角影歌雙棲，是韓國頂尖的演員，這部戲，可說是具備了最頂級的陣容。

「有種成了『鹽田奴隸[6]』的感覺。」

「是要真的有人死了，才會虛情假意地去改變嗎？」

「捏住流著鼻血的鼻子再次走向拍攝現場時，眼中盡是淚水在流啊。」

已經有無數個令人髮指的舉報傳入韓光中心。光是二〇一八年，就有超過對三十個連續劇現場的大量舉報湧入。我們不得不灼痛熱辣地面對這個現實，緊緊抓住這種惋惜的心情，今天也準備要對舉報做出應對。

接到這次舉報，最令人痛心的一點，是「甚至連這種製作規模的連續劇都是這樣」。該劇製作費並未不足，但天文數字般的經費，都傾注在名導演、編劇、演員身上，而工作人員卻得承受地獄般的現場。

5 媒體申冤鼓：「申冤鼓」為朝鮮時期百姓上訴的最後途徑，若百姓已向政府單位請願、上訴、舉發等，事件仍無法解決，便可以到義禁府（古時韓國的調查機構）擊鼓申冤。此處是指「韓光中心」設立的匿名舉發平台。

6 鹽田奴隸：「新安郡鹽田奴隸事件」，是二〇一四年韓國一樁買賣智障人士為奴役的社會案件，案發地點為全羅南道新安郡離島鹽田。金姓與蔡姓受害者，被地下職業介紹所以低廉價格賣給鹽田地主，兩人被迫無薪工作，並遭受地主以棍棒毆打虐待。兩人被警察救出後，警方持續調查，發現當地還有十八名工人從未領過薪水，長達十年以上。

「在連續劇工作現場中，真的連尊重勞動這點最小的良心都沒有嗎？」將各種混亂的心思放到一旁，開始一一仔細地進行調查。

○月四日　07:00 集合　五日 01:00 收工（工作十八小時）
○月五日　07:00 集合　六日 03:00 收工（工作二十小時）
○月六日　07:00 集合　七日 04:00 收工（工作二十一小時）
○月七日　08:00 集合　八日 02:00 收工（工作十八小時）
○月八日　07:30 集合　九日 04:30 收工（工作二十一小時）
○月九日　休息日
○月十日　07:00 集合　十一日 00:00 收工（工作十七小時）
○月十一日　07:00 集合　十二日 05:00 收工（工作二十二小時）
○月十二日　07:30 集合　十三日 04:40 收工（工作二十一小時十分鐘）
○月十三日　07:30 集合　十四日 04:00 收工（工作二十小時三十分鐘）
○月十四日　07:30 集合　十五日 04:40 收工（工作二十一小時十分鐘）
○月十五日　10:00 集合　十六日 05:30 收工（工作十九小時三十分鐘）

○月十六日　休息日
○月十七日　07:30 集合　十八日 04:35 收工（工作二十一小時五分鐘）
○月十八日　07:30 集合　十九日 04:30 收工（工作二十一小時）
○月十九日　08:00 集合　二十日 05:30 收工（工作二十一小時三十分鐘）
○月二十日　08:00 集合　二十一日 05:25 收工（工作二十一小時二十五分鐘）
○月二十一日08:00 集合　二十二日 04:00 收工（工作二十小時）

## AM 11:00

### 被舉發的「甲」連續劇拍攝日誌

透過其他管道做了交叉確認，結果並無二異。即使包含休假日，一天依舊是平均拍攝十八小時，強行拍攝了三週。以一週來看，勞動者們每週被分配到一百二十六小時的拍攝行程。到外縣市拍攝時，若包含移動時間，會出現更可怕的時間表。一天八小時、一週五十二小時的基本勞動法令，顯得黯然失色。

影視製作有個專有名詞叫「Dissolve（溶接）」，是指將兩個畫面交疊在一起的影像處理手法，如今這個詞變成一種暗喻，說的是「在只經短暫休息，一整天幾乎都無法睡覺，隔天還要繼續拍攝」的徹夜工作現實。拍攝行程若是這種強度的話，工作人員們每天都只能邊「Dissolve」邊苦撐。

「媒體申冤鼓」經營了超過一年半，不論是政治圈還是輿論，都站出來表示想解決電視業界的問題，但在過去這段時間，舉報數量卻沒有減少。因為長時間勞動的情況已經太嚴重，甚至連掏出其他問題來談的氛圍都無法形成。距韓光哥舉發連續劇業界的問題已經過了兩年半，因為有眾多韓國民眾的支持及加油，情況才稍微改善了一些，但要對現場從業人員伸出援手，仍然是遠遠不足的。

## PM 1:00

向該連續劇製作公司送出提問公文後，開始了直球對決。我們甚至還撂下狠話：如果製作公司及電視台不立刻解決問題的話，會以舉發或抗議等方式多方面地施壓。幸好在哥哥事件後，已經與該連續劇電視公司有了特殊約定在，因此沒發生太大爭執，就約好要坐上協商桌。但即使已確定要進行協商，仍有許多要跨過的關卡。

「甲」連續劇製作公司的監製表示「雖然已盡了最大努力，但因不可抗力變因，才導致勞動強度變高。不過，與其他連續劇製作現場相比，條件已經好非常多了」。監製所說的「不可抗力變因」，在韓光中心開始營運起兩年的時間內不斷地發生，這樣的話，意思就不是「無法迴避的變因」，而是「顯然是反覆不斷的常態」了。因為「片場不安全」、「酷暑持續不斷」、「Me too 運動導致換了演員」……以這些為藉口恣意橫行的壓榨，不僅會讓人受傷，甚至致死。這明明是在拍攝現場發生的非法業務，居然能理直氣壯地說出「我們相對來說是比較好的」，這厚臉皮到底是哪裡來的？不論如何，製作公司為了防止議題延燒，亡羊補牢地籌備了對策，結束了協商。

## PM 4:00

韓光中心的辦公室位在上岩洞，兼作為電視台勞工而設的休息處，因此經常可以在這裡見到於附近電視台上班的朋友們。今天見了一位在電視台工作的正職ＰＤ，聽他抱怨著他看不順眼的副導，這位朋友的模樣，很不幸地，看起來和缺德的管理者相似。

「你本來不是這種人不是嗎？」

「沒辦法，不這麼做的話，這情況根本沒辦法運轉啊。」

「不這麼做就無法運轉的情況」，但造成這種情況的人，到底是誰？撐過惡劣壓榨後存活下來的他們，成了惡行的接班人。連續劇製作業界最下層的人們，他們的痛苦，一言以蔽之：

「本來那個時候就會很辛苦，只要撐過去，好日子就會來的。」

巨大的連續劇產業結構，只追求高收益的模式，結果使今日在短時間內得到高效率的系統變得更僵化。超過百人的連續劇工作人員們，為了在最短時間內以最大的效率工作，自然而然地內化了軍事化的組織文化。

對他們許多人來說，麻浦區上岩洞的電視台叢林，是一面巨大且堅固的高牆。在那裡，電視台為了更大的利益，將殺人式日程的高強度勞動視為理所當然。即使現在我們一天到晚在上岩洞活動，建築物叢林的高牆依舊讓我暈眩。

在日漸穩固的電視台高牆前，談論「改善」的人們，會被認為是「不聰明的、適應不良的」。「解決有問題的狀況」這個選項，在電視圈是不存在的，存在的選項，只有這兩個……

「離開，或撐下去。」

## PM 6:00

「甲」連續劇的報導，悄悄登上入口網站，這部戲持續著高收視率，導演及演員的演技，一一成為話題。說不定，電視台和製作公司，此刻正開著香檳，慶祝收視率及令人滿意的收益。

然而，為了拍攝這部連續劇，過去三週都昏迷般地奔波著的、這些攝影機後面的勞工們，依然是透明人。導演憑著播出成功的光環，再次強行可怕的拍攝行程，電視台及製作公司只想在辦公桌前計算收益，並繼續維持現有的製作方式，這點昭然若揭。工作人員們無法期待改善，只得消磨熱情及夢想，投入其中，在過勞與危險的環境中撐過每一天。

即便如此，現在亦不晚，得創造出解決連續劇工作現場問題的系統才行。這個解決的頭緒，得從現場勞工們的意見中出發才行，也就是因為長時間高強度的勞動，吶喊著「我想離開，我想死」的這些人。

殺人般的拍攝日程，是相當嚴重的情況，但不該只將其侷限在單純的工時問題。當現場的菜鳥工作人員好不容易擠出空檔吃頓飯，光是因為這樣，就會被唸「最近世道真的變好了呢。」、「怎樣，看我不順眼啊？去韓光中心檢舉我啊！」這種言語暴力的職場文化，也是個問題。而以女性演員、女性工作人員為對象的性暴力，也不斷地恣意橫行。兒童與青少年演員們，在成人都難以忍受的現場中，連意見也無法好好說出。

韓光中心為了全面改善連續劇製作的架構及工作現場文化而奔走著，現在該以連續劇業界全部的現場勞工為標準，去樹立絕對不能違背的原則，並以這套原則為標準，進一步去建構系統。

首先，得讓被稱為「非正職員工」、「自由業者」之從業人員們的意見明確地浮上檯面才行，並且必要以他們的意見為主。為了劇組工作人員的權益，他們所需要的，正是您的小小關注。閱讀過我這本書之後，您可能會覺得這並不是件困難的事，而過去這些看不見的、攝影機背後的故事，我希望能為您帶來嶄新的觀點。

※ 本章內容，是將韓光中心「媒體申冤鼓」收到之實際舉報案例，濃縮成一天之後，重新改寫的故事。

# #2 攝影機後面的人們——你的名字

「在打片尾名單時，很幸福。把一起工作的導演們、室長們與菜鳥編劇的名字打進去，然後打上自己的名字。因為能展現我們的，就是這個時候啊。其實我們也知道，觀眾不關心調光調色是什麼、場務是什麼，但我們自己人之間知道，不是嗎？」

——副導A

登上連續劇片尾名單的名字雖然很多，但報導連續劇製作的新聞中，卻始終只關注閃亮的演員們、談笑風生的製作人、ＰＤ們。製作現場的「上位者」們聚首，在華麗的發表會現場，不斷炸開的相機閃光，令人睜不開眼，但卻看不到製作連續劇的工作人員們。這個章節要講的，就是在這個場合看不到的這些人的故事。

工作人員的通告時間是上午五點，導演組的工作時間是上午七點。太陽一升起就要開始拍攝，得在日落之前完成所有需要自然光的拍攝才行。

ＦＤ及副導們，凌晨四點就在公司準備道具及腳本，向派車來的九人巴士司機過打招呼之後，在前往拍攝現場的途中接送編劇。所有人都喜歡搭車的時間，因為至少可以打個盹。

抵達現場後，所有人都一臉疲憊。天色依舊昏暗的清晨五點，美術指導召集美術組組員們確認拍攝道具。攝影、燈光、音箱組卸下器材，副導們及ＦＤ們手機完全離不開耳朵，確認著現場工作人員們的準備情況。編劇們和導演進行會議，確認今天要拍攝的劇本份量。

美術組陳設完道具後，平凡的風景，因著幾項道具，變得像是連續劇中會出現的美麗畫面。發電機轟轟作響地啟動，攝影、燈光組的器材各自就位。導演在攝影指導架設好的螢幕前確認顏色後，向副導說了些什麼。副導跑向攝影指導，傳達了導演的指示。

螢幕的顏色改變了，副導覺得這過程就像魔法一樣。

所有人都因為沒有好好睡覺，頂著疲憊的臉，站在各自的崗位上，但攝影機內的世界，卻如夢似幻、閃閃發光。待演員陸陸續續抵達後，攝影機內的世界又變得更加明亮。

連續劇製作，是由上百名不同領域的專業人士，形成一個團體，共同進行工作。按照專業類別，主要分為技術相關組、美術相關組、導演相關組。總管他們的最終決定權者，就是該劇的導演。就像以指揮家為首、讓各種樂器達到和諧的管弦樂團一樣，連續劇製作現場也有著複合式的互助構造。

他們的名字是什麼，負責怎樣的工作呢？

連續劇拍攝現場的日常模樣

## 技術相關組

以技術相關組別來說，我們經常提到的攝影、燈光、音響等工作人員就屬於這組。燈光指導表示，技術組的義務是「調整出增添色彩的光線，創造出盛裝故事的容器」。

攝影指導瞎扯「技術組是連續劇現場之花」，然後立刻自嘲地補上一句玩笑話「因為四處的花都被我們折斷了」。技術組打亮燈光，以更美麗的顏色讓連續劇的演員及空間能熠熠生輝，並透過攝影機及音響器材，盛裝演員們的演技及聲音。

導演：Stand by! 燈光組請把人物照亮一點。Ready!
現場收音組：Speed.（開始錄音。）
攝影組：Rolling.（開始拍攝。）
導演：Action!

在導演的「Ready and Action」之間，各專業組別各司其職運作起來。

## •攝影組

攝影指導是攝影組的領導者，與總管整體所有事物的導演進行溝通。在攝影指導手下，有負責調整焦距的「跟焦師」，以及「大助」、「二助」、「三助」、「菜鳥」等扛攝影機。被稱為「攝助」的這些人中，當然大助是最高的職業階級，菜鳥是最低的階級。忙著搬行李、替電池充電的菜鳥，離導演之路還好遠好遠。

## •燈光組

燈光組的菜鳥，在工作開始前，都想不到原來燈光的種類有這麼多。即使在知道燈光種類多且重之後，菜鳥還是喜歡自己這組。因為他喜歡燈光組調整連續劇的整體色調、套上顏色、照亮人物的工作。燈光組與攝影組相似，通常為五人小組編制。菜鳥因燈光指導說的「沒有光就拍不了連續劇」而在心裡感到驕傲。

## •現場收音組

「Boom man 這個名稱很帥吧。」汗涔涔地舉著 Boom 麥克風的現場收音組組員這麼想。雖然他也覺得 Boom 麥克風太大隻，要舉著走動很辛苦，但 Boom man 的工作，就是讓麥克風在不被攝影機拍到的情況下收音。

二、三十年前，因為技術的限制，連續劇都是事後配音的，因為說話聲音對嘴的關係，讓觀眾難以專心觀賞，想到這點，就會再感受到自己的工作有多麼偉大了，再加上在現場可以最先聽到演員的聲音，這給了他舉著巨大 Boom 麥克風走動的力量。

燈光組的樣子（© 한여정）

現場收音組的樣子（© 한여정）

無論是攝影指導還是燈光組三助，無論天氣是冷是熱，都要背負著沉重的器材走動。不管是到山上還是去海邊，都要搬運沉重器材，他們的衣服總是很容易變髒、破損，但他們還是很喜歡自己的工作及技術。

## 美術相關組

導演喊出「Stand by」之後，負責現場是技術組，喊出「Stand by」之前，負責的則是美術組。美術組在拍攝前，會和導演與編劇見面見到相望生厭的地步。無數次的會議，討論劇情大綱（連續劇的簡單劇情及概要）或劇本。在多次修正要求後，完成對空間的執行方案。美術的工作，是理解劇本中登場人物及人物所生活的空間，並將其視覺化。在美術組將導演和編劇腦中的畫面們實體化後，導演才會喊出「Stand by」。

這齣連續劇，講的是二十幾歲的女性們生活在合租公寓的故事。登場人物雖然具有「二十幾歲的女性」這個共同特徵，但各自有著相異的職業及年齡。美術組除了要依據登場人物的特性做房間的室內裝潢外，衣服、道具、化妝等也都要表現出不同才行。擁有相似的的年紀，但特性各不相同的登場人物們所一同居住的家，要把它製作成有說服力的空間，就是美術組的責任。

美術指導的口頭禪是「我們的工作，是理解人與空間，並表現出來」，因此，要成為連續劇的美術專家，是件困難的事。除了要會使用繪圖軟體外，同時也要有分析劇本的能力，想要成為厲害的連續劇美術指導，很不容易。

美術指導覺得，最近這幾年，美術組的工作量，變得比以前更多了。

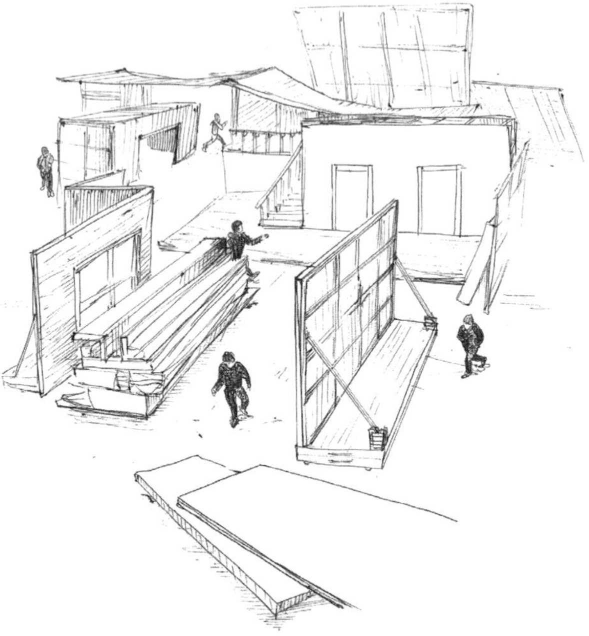

美術組製作片廠的景況（© 한여정）

本來，美術組的工作，是建構陳設，包括：全面具體呈現陳設的設計師、將設計好的陳設實際製作出來的製作者、控制陳設整體感覺及色調的造型師、依劇情走向及歷史性、社會性背景選出合適道具並擺放的裝飾組、負責片場道具所需電力及配線裝飾的電工負責人。得要由以上這些專業人士組成團隊，才能進行工作。

如今，為了拍出厲害的美食節目，食物造型師也會包含在美術組內，隨著各種不同題材的劇情需要，特殊化妝的需求也增加，得在現有美術組之外另設特殊效果組才行。

在拍攝現場，導演喊出「Stand By」之前，美術指導都要不斷與梳化、美容、服裝相關專業的負責人溝通。這些人在現場也被歸類於美術相關組別，美術組長要在拍攝期間內，不斷對他們帶來的執行方案提出反應回饋。

因為到正式拍攝前之前都很忙碌，所以開拍之後，要讓美術組組員能稍微休息一下……不幸的是，美術指導的這個願望，從來都沒有達成過。比方說，一旦劇本翻盤，拍攝現場瞬間雞飛狗跳，美術組得隨時待命。

美術組的工作不會因為拍攝結束而結束。因為他們還得製作作品相關的海報，或是協助後期製作。

導演認為，和攝影組相比，美術組的組織更不明確，因為美術組的成員隸屬太過多樣化了。以前在「電視美術」領域中，通常由隸屬於電視台的美術中心負責製作，但隨著電影美術組的人力開始流入電視劇製作現場，只由電視台美術中心包辦製作的方式，變得難以定義了。有特定的美術組會一起負責梳化服裝及陳設工作，某些美術組則是由美術指導負責梳化及服裝等狹義的美術作業，而陳設組則是轉包給別人做等，工作進行的方式變得相當多元。導演認為，如果有一百位美術指導的話，就表示會有一百種工作型態。

美術組菜鳥雖然想著要成為美術指導，但這並不是條簡單的路。在韓國國內並沒有「電視美術」相關科系，因此，美術組的專業知識，大多是以師徒制的方式傳授下去的。在美術組中，違逆美術指導心情的言行是想都別想的。無論如何都得看上司的臉色，因此更得不停地自我提升。對美術組菜鳥而言，睡覺都是件奢侈的事。

## 導演相關組

被稱為導演的主要導播，是連續劇拍攝現場的「王」。前面所說的，包括技術組、美術組在內，所有工作人員的工作，都要在現場經過導演的最終決定才能進行。連續劇拍攝現場無法成為健全組織的眾多原因之一，就是現場沒有能夠牽制王的角色。為了不讓劇組成為多頭馬車，所有的導播都必須在王的手下進行工作。輔佐導演的組別，是製作組及副導組。

### • 製作組

製作ＰＤ有時會覺得，與工作人員們見面、說些哀求的話，成了他們的主要工作。製作ＰＤ負責管理製作費，為此必須控管人力及預算。預算無論何時都不夠，而導演的野心總是很大。「這次就用這個價錢來做吧，下次真的會好好照顧你們的。」這樣的話，總掛在嘴邊。

在製作ＰＤ下面的執行製作（line producer）總是很焦躁。他們在現場管理連續劇拍攝的進行，要準備拍攝場地、照料工作人員與演員們的用餐。雖然在別人眼裡看起來只是小事，但只要一出錯，可能就會搞砸所有的事，他們肩負著的工作就是這麼重大。然而，拍攝時間總是動不動就延長，行程比執行製作想得還要更晚。聯絡了協商好作為拍攝地點的咖啡廳，表示拍攝時間被延後了，結果咖啡廳拒絕了拍攝。

這種時候，執行製作就算再覺得委屈，還是得繼續找尋附近的咖啡廳當作替代場地才行。執行製作在現場是沒有休息空檔的。

### • 副導組

副導稍微有點複雜。副導、AD、FD、場記等人員都屬於這個組別。在連續劇《獨酒男女》中，韓光哥就是副導。副導是輔助導演的管理職。有一句對副導來說很惡劣的玩笑話：「想把大象放進冰箱裡的話，就叫副導去做。」就跟這句話一樣，副導的工作，雜亂到一種非常荒謬的地步。

「〇〇連續劇的導演，不是隨便一間超商的便當都吃的，他一定要吃C超商的便當才行。如果拍攝現場附近沒有C超商的話，得拜託司機大哥：『可以帶我去C超商嗎？』然後，還一定要買到那種口味的便當才行。記得有一次沒買到，回來之後聽到的辱罵，到現在我都還記憶猶新。不只這些，咖啡他也只喝星巴克的，不小心買了導演不愛吃的東西進來，我那三個月（拍攝期）就過得超級痛苦。即使如此，去買便當的時候，還是可以稍微睡一下……所以我還是暗暗期待可以去買便當，很諷刺對吧？」

從場地協調、管理錄影行程等初期工作，到後期連續劇的剪接，所有的工作都由副導處理。想當然，當製作現場的體系混亂或經常產生變數時，副導的工作就變得繁重且複雜，韓光哥也是，他還得向被解除契約的攝影組回收尾款、整理發票、租借歸還器材等。

因為副導工作繁重，所以就有了協助副導的FD及AD。FD管理導演、副導無暇顧及的現場狀況，AD主要是現場助理，或是負責行政職的角色。但結果往往是副導、FD和AD分工不清，逐漸演變成得負責導演組所有的工作。

行銷PD是外界較難理解的一個位子，通常聽到人家說「PD」時，我們會認為就是導播，但行銷PD的工作性質，和一般的導播很不一樣。簡單講，行銷PD就是賺錢進來的PD，負責從其他企業方取得產品置入、贊助、資金等。為了將客戶的各種廣告需求融入影劇作品中，行銷PD必須要扮演協調的角色。《陽光先生》中，P公司的置入性行銷「Bullanseo Bakery[7]」

7 Bullanseo Bakery：韓劇《陽光先生》中虛構的烘焙坊店名，實為置入性行銷韓國著名烘焙品牌「PARIS BAGUETTE」，為符合劇中時代因而改名。

廣告企劃就是個代表性的案例。近來大部分的大規模連續劇，在進行企劃時，都把眼光放在進軍海外，此時行銷ＰＤ還得扮演負責海外版權交易的角色。

企劃ＰＤ負責作品開發。如果是書籍、電影、戲劇等有原作的情況下，就要先買下原作的版權，才能企劃連續劇製作。也因此，企劃ＰＤ要負責這段過程中的合約相關業務。若是原創作品，也會提出可作為根據的意見。在踏出製作一部連續劇的第一步後，企劃ＰＤ會給予編劇撰寫劇本上的意見回饋，聘請編劇助手等，從編劇室的管理，到將連續劇包裝成會賣的商品，這些都是他要負責的工作。

## 其他的幕後組

「Unsung Hero（無名英雄）」是由否定字首「un」及「sing」的過去式「sung」、以及意指英雄的「hero」所組成的單字，指的是未被人們清楚知曉，或充分發揮力量，對團隊做出重大貢獻的人。這個詞經常在運動領域被提起，最具代表性的人物，莫過於朴智星[8]選手了。

連續劇產業越成長，就有越多延伸而來的專業項目，在此要介紹不顯眼或在連續劇製作中不可或缺的幾個代表性角色。他們是無名英雄，在各自的崗位上肩負起完成連續劇製作必須的工作。

首先要介紹的，是隸屬導演組、要為拍攝負責到最後的「場記」。場記的工作，是檢查拍下的畫面中動作是否恰當、化妝或服裝是否自然、畫面與畫面的連戲是否順暢等，並傳達給上級。

再來是「資料管理（Data manager）」，他們安全且有效率地管理拍攝好的資料，在導演組需要資料時提出。

場記和資料管理，都是配合導演組工作，所以經常會與副導的工作重疊，並會互相分工合作。

8 朴智星：韓國足球選手，二〇〇二年世界盃打進前四強的重要功臣。世界盃之後，先到荷蘭發展，而後赴英國加入曼聯，是韓國職業足球員旅歐發展的先驅。

後期製作，與現場製作的人力一樣重要。他們在拍攝後彙整檔案，加上特效、調整顏色，負責做最後收尾。若將連續劇整體製作分為「準備—拍攝—剪接」三個階段，那麼事實上他們就負責了三分之一，可說是活躍在剪接室裡的無名英雄。

此外，還有製作符合連續劇的特色音樂、劇照、武術等各種組別的人們，互相合作，也是工作人員的一份子。若將協助行政工作的人也算在內，那真的有非常非常多專業的人們，為了一部連續劇分工合作。

演員中也有無名英雄，像是臨時演員、配角等，他們完美地填滿了光靠明星演員填不滿的空白處。他們的存在，經常在未讓觀眾特別意識到的情況下就看完了作品，但他們全都在攝影機前扮演著不可或缺的角色，是讓連續劇趣味倍增的存在。

為了製作出一部連續劇，需要許多人守護現場。他們做出來的戲，以閃亮的光芒及美妙的聲音，觸動許多觀眾的心。希望這些光芒偶爾也能照耀到他們，希望能有更多人知道他們的名字，了解他們的生活。

「場記做了什麼什麼……Boom man 做了什麼什麼……」

韓光中心剛開始透過申冤鼓制度接受對工作現場的舉報時，總有數十個生平第一次聽到的專業術語掠過耳邊。公然地說要解決電視業界的問題而設立中心，結果連這些用語是什麼意思都搞不太清楚，實在是令人汗顏。這些陌生的名詞，在連續劇製作現場是經常被掛在嘴邊的行話，讓我感到格外新鮮。

日復一日，這些行話也變得熟悉了，過去感到陌生的名詞，原來也只是各種工作的名稱而已。以這些行話為名而工作的人們，其實與做著普通工作的人們沒有不同，他們也是為了生活而賺錢工作，並感到滿足。然後，當然，如果過度工作，也是會生病的。

本來，我也擔心，這些行話會讓劇組工作者看起來有距離感，但為了讓閱讀本書的各位能充分了解戲劇製作現場的情況，我還是盡可能將這些事情交代清楚。在閃亮的鎂光燈觸及不到的地方，他們依舊努力地從事著名為「連續劇製作」的工作。

# #3 最普通的連續劇——製作過程

為了製作出一部連續劇，需要許多人力，並且會產生工作的流程與體制。讓我們來看看二〇一九年現今製作連續劇的最普遍方式吧。得先了解製作連續劇的人們如何進行工作，才能思考連續劇的製作架構發生了什麼問題，並一同思考有什麼解決方式。

一般觀眾們印象或想像中的戲劇拍攝現場，多半是演員

導演組拍攝中的模樣（© 한여정）

在表演、導演在喊「shoot」、「cut」等等的畫面。若將連續劇製作大致分為三階段，一般人們熟知的拍攝現場工作，就屬於中間的階段。該階段的前、後過程，稱為前期製作（pre-production）與後期製作（post-production）。這兩個過程與拍攝現場同樣艱辛，必須經過深思熟慮才能完成。

## 前製的開端——建構專案小組

製作連續劇的準備過程，與準備足球職業聯賽的過程相似。想像一下曼聯[9]正在準備英超聯賽[10]好了。若說目標是聯賽優勝，那麼球團就要與能達成目標的總教練簽約、物色優秀選手、聘用專業的工作人員，建構球隊陣容。當然，不可能老想著延攬孫興慜[11]、梅西、C羅等最頂尖的選手來組成陣容。教

9　曼聯：曼徹斯特聯足球俱樂部，成軍於一八七八年，是英國一支實力堅強的豪門勁旅。
10　英超聯賽：英格蘭足球超級聯賽，成立於一九九二年，是世界最高水準的職業聯賽之一。
11　孫興慜：韓國職業足球員，國家隊主力前鋒，目前效力於英超的托特納姆熱刺隊。

練在建構球隊時，要努力在預算限制內，恰當地籌組前鋒、中場、後衛、門將、體能教練、醫療團隊等必要人員。在球隊陣容完成後，聯賽開幕，新建構的球隊就正式開始為了達成目標而奮鬥。

和綜藝或新聞節目相比，連續劇的準備過程有極大不同。製作一部連續劇，就像運動聯賽一樣，在不到一年的期間內就要完成工作，因此，連續劇製作是以專案的形式經營的。為了製作一部戲，有許多人力在短時間內投入該專案。他們隸屬的單位天差地別，在正式製作前有著漫長的準備期，為了達成一個目標，以「嘿呦一鼓作氣拚起來！」的方式，形成只為了製作期間而存在的巨大團隊。甚至還會為了這個專案而成立名目上的公司。如此，人們聚集成一個團隊，向著完成連續劇這個共同目標奔跑，在完成目標後，團隊就會解散。並不是由同一個集團持續且常態地進行作業，而是以淡季、旺季區分工作。就像職業運動團隊經常被比喻為航向目標的航海一樣，連續劇製作也向著集中的目標前行，然後解體，這點與航海是一樣的。

## 組建陣容——某位企劃PD的故事

外包企劃公司的企劃PD—C先生承攬了一部連續劇的企劃工作。連續劇的企劃，通常是由主要PD主導，但C上班的公司是由企劃PD負責初期的構想。C雖然覺得工作茫然且有負擔，但另一方面又可以發揮自己的能力，所以對自己現在的角色感到滿足。

首先會見編劇，一起構想基本的故事線。近來也經常會買其他創作的版權來使用。C判斷，比起新創一個故事，買版權來改編的方式，應該會得到更好的結果。於是決定買下網路漫畫《奶酪陷阱》的連續劇改作權。

首先，先買版權，找到合適的作家編寫劇本，將這部網路漫畫改編成連續劇。雖然也有電視台的連續劇組會直接負責企劃過程，但因為C的外包製作公司還沒有拿到編輯權，所以得直接包攬所有作業才行。

大多數的外包公司，在總共十六集的迷你影集系列中，會提供前四集的企劃給電視台。不管是電視台直接企劃，還是接受外包製作公司的企劃案，當連續劇確認在什麼時期、什麼時間點播出後，就會正式組織專案計畫小組。C提心吊膽地等待著結果，然後接到播出安排完成的好消息。

根據製作單位的不同，決定導演的方式也有所不同。有些會指派公司隸屬的導演，有時也會由公司與外面有才能的導演簽約。電視台的連續劇組或大型製作公司直接進行企劃時，通常會使用他們自己旗下的導演。以公營電視台KBS[12]來說，就不會找外面的導演來導戲。KBS的連續劇一定是由KBS的PD之名出品，若發生意外情況，得由外面的導演主導作品時，對外也一定會掛上KBS編制內PD的名字。

製作連續劇《鬼怪》、《陽光先生》等的CJ ENM[13]，設立了名為「Studio Dragon」的子製作公司。因為這個製作公司的規模極大，因此大多會使用隸屬「Studio Dragon」的導演們。相反地，若是自己企劃的作品，其他電視台可能會從外面聘請導演，或讓隸屬公司的PD直接製作。

明星PD與明星編劇也會產生狂熱的粉絲效應，亦會因之前的成功作品而得到某種程度的收視率保證。所以也可以說連續劇企劃的一半，在於決定導演（主要PD）與主要編劇。C隸屬於規模不大的外包製作公司，怎樣都要取得電視台的播放權，這點很重要，因此，在三顧茅廬後，從外部聘請到了好的編劇及明星導演。

現在，C必須得到導演的信任。一般導演都會有一組自己中意的工作人員陣容，因此，大部分情況是由導演想要的工作人員們直接組成團隊。但若遇到經濟上的理由或其他特殊問題時，製作組會基於人事費用的考量來聘請工作人員。C為了聘請到能夠滿足導演挑剔需求的工作人員，得賣力四處奔波。之前有過幾次成功的企劃經驗，以為這次也能輕鬆處理好，但卻是過於傲慢了。近來電視台與製作公司皆各自以不同的方式企劃連續劇，因此在建構製作組陣容的型態上也各有不同。

當導演組在建構連續劇拍攝陣容時，製作組則在進行劇本作業。當然，認真寫出的劇本，也有很多情況是隨著導演的意見而整個翻盤的。C也得參與劇本作業，因此完全沒有休息的時間。不斷反覆加班再加班，與編劇一起修正劇

---

12 KBS：韓國放送公社，官方中譯為「韓國廣播公司」，簡稱「韓國放送」，為韓國最早的公營電視台與廣播電台，與MBS、SBS並列為韓國三大無線電視台。

13 CJ ENM：全名為CJ Entertainment and Merchandising，由CJ E&M與CJ O Shopping合併而成，是韓國一間大型娛樂媒體內容和購物服務公司，隸屬於CJ集團。

本。為了取材撰寫劇本需要的特定職業，必須動用人脈，聯絡從業人員尋求諮詢，在韓國全國八個道奔波，邊想著明天要與符合條件的三名大學實習生約好要面談……歷經千辛萬苦後，終於完成《奶酪陷阱》的陣容、初期劇本架構、播放時間安排，現在就只剩下開始拍攝了。

## 開始拍攝

連續劇製作日程，會根據正式進入拍攝的時間點為何，分為事前製作、半事前製作，以及所謂的「當日劇本（邊拍邊寫的

後期製作室的樣貌（© 한여정）

劇本）」製作。事前製作指的是在連續劇開播之前就完成所有拍攝的情況。半事前製作指的是以十六集的連續劇為標準，有六至八集的份量已經先拍好了。不過大多數的韓國連續劇是在拍了四集左右的份量就播出了。這種情況下，這部連續劇的拍攝現場，必然會面臨當日劇本的情況，也就是在緊迫且惡劣的製作環境下工作。結果隨著播出集數越來越多，現場的勞動就會變得越來越脫離常規。

## 後期製作（post-production）

並不是拍攝結束後，所有工作就結束了。在拍完後，拍攝好的資料全都要傳給後期製作組。由副導負責剪接相關的所有工作。

提到後期製作組，從內部的副導開始算起，還有剪接室、CG[14]組、音效

14 CG：computer graphics 的縮寫，即為電腦視覺特效之意。

15 DI：digital intermediate 的縮寫。intermediate 原本是後製用的膠卷，稱為「中間片」，功能就是調色、調光，現今都以掃描數位檔的方式來取代傳統中間片，因而有了 digital intermediate 這樣的名稱。

組、調色調光組（DI[15]）等。在不同電視台中，有些會在公司內部設置CG組及DI組，有些會與外包簽約。外包的後期製作組，大多因長時間的勞動而痛苦。甚至當拍攝現場延遲得太嚴重時，還會在開播前一、兩小時接到剪接的要求。且因為經常被上級固執地要求重新剪接，所以到播出的前一刻，都無法放鬆緊張的神經。若在拍攝現場，還比較容易發現問題並保有警覺心，但在剪接室裡的人們，視野是受到侷限的。他們得不到支持，只能聚在角落。胡亂裁員及人格侮辱是家常便飯，即使如此，他們還是將責任感發揮到最大，默默地完成完美結局。

在後製組初剪結束後，導演會下達要往哪個方向剪接的指示，後製組再依據指示完成實際剪接作業。剪接完成後，就會進入「定剪」。定剪指的是最終的剪接過程，包括試映、由電視台或製作公司高層檢討成品等工作在內。

就像哥哥參與拍攝的連續劇《獨酒男女》一樣，在定剪過程中，作品幾乎整個被推翻，是司空見慣的事，導致工作人員為了殺人般的進度所苦，甚至常常還要進行補拍。完成的作品，得到上級批准後，才終於可以透過安排好的頻道，播放給觀眾欣賞。

# #4 過於複雜的連續劇世界

現在，讓我們從更宏觀的角度，來談工作現場的故事吧。

韓流的領頭羊，絕對是《冬季戀歌》、《大長今》、《來自星星的你》等膾炙人口的連續劇。由韓流所賺進的文化內容產業之收益中，連續劇就佔了近八成左右。在韓流成長之前，電視台的主要收入來源就已經是連續劇了。難怪電視台裡會流傳著「當綜藝節目砸本錢、時事教育節目虧損時，就用連續劇來補貼」這樣的玩笑話。

連續劇原本就是韓國電視圈裡最賺錢的部分，韓流爆紅之後，更是吸引了全世界的資金如潮水般湧入，tvN、OCN[16]、JTBC[17]等綜合娛樂頻道都投資了鉅額在連續劇上，連續劇市場在十年間空前絕後地成長，結構也變得複雜。

連續劇產業，基於資本因素，而往壓榨勞工、利潤最大化的方向發展，產業規模越來越大，從業人員的待遇卻越來越惡化，產業的結構也變得十分複雜。想要完全了解產業結構，並不是件容易的事，不過，為了充分釐清影劇工作的勞動問題為何變得如此嚴重，還是有必要先介紹一下這個複雜的生態。接下來，我將以與工作人員待遇相關的幾個特點為主軸，來介紹產業的結構。

## 外包製作

大家應該都聽過外包製作公司。所謂外包製作，就如字面上的意思，不由電視台自製節目，而是委託外面的公司進行，電視台只負責播放。最初，製作節目當然是電視台自行負責，直到一九九一年，引進外包製作制度後，正式開

16 OCN：Orion Cinema Network，韓國 CJ E&M 旗下的一個有線電視頻道，以電影和影集為主，是韓國播出最多英、美影集的頻道。

17 JTBC：中央東洋廣播公司，前身為「東洋廣播公司」（Tongyang Broadcasting Company），一九八〇年遭全斗煥政府以「言論統廢合」政策強行停播，二〇一一年在韓國「中央日報」（JoongAng Ilbo）的支持下復播，因此改制後縮寫為 JTBC。

啟外包製作市場。初期，因外包公司的品質不及電視台自製的水準，所以政策規定要保留一定比例的製作給外包公司，以保護他們。在政府的保護下，外包公司漸漸增加，製作能力也日漸強化。

但在這個制度鞏固的過程中，電視台領悟到外包製作在降低製作成本上是極為有用的制度。考慮到人事費用時，比起電視台自製，外包公司便宜更多，因此電視台斷然壓低製作費，同時指派總攬連續劇企劃的CP或PD，強力維持電視台在連續劇製作上的權限。如此一來，電視台既節省成本，又依舊能扮演最終管理者的角色，而這裡省下的費用，全都轉嫁到連續劇製作幕後人員身上，使勞動條件更加惡化。非正職員工的大量產生，在時機上也與外包公司的興起有著密切關聯。在電視台的立場上，因為外包後的效益極為龐大，所以在二〇〇〇年以後，外包公司的比例急遽增加，根據韓國放送通訊委員會的資料，二〇一五年連續劇製作的外包比例，超過了七成。

還有一點比較特別的是，連續劇市場與其他節目類型相比，變得特別龐大，連續劇外包的制度，也以與綜藝節目或時事教育領域不同的方式定型下來。通常，在電視台的體系中，會分成綜藝、時事教育、連續劇等部門，而有越來越多電視台乾脆將連續劇部門拉出來設成一個子公司，CJ ENM的「Studio Dragon」與KBS的「Monster Union」就是代表性的例子。這些公司表面上雖然是外包製作公司，但事實上可以視為電視台的連續劇部門，這是在綜藝節目或時事、教育節目上看不到的型態。

這些公司具有製作連續劇的專業，同時又能在稍微自由一點的條件下進行製作，成為連續劇產業的成功案例。除了具有電視台連續劇部門性質的子公司以外，也有很多是必須在電視台間奔波、取得播出機會的真正外包製作公司，他們得經過非常激烈的競爭。這種製作公司間的競爭，雖然提高了連續劇的水準，但也將對幕後人員的保護擺在後頭。

## 製作部數增加與「營柱策略」

韓流熱潮促進了對連續劇的投資，連續劇製作的部數，也等比增加了。特別是CJ ENM的積極投資與綜合播放頻道[18]的登場，加速了這股潮流。連續劇部數增加，競爭變得激烈，製作公司利潤降低後，只好壓低人事費用來彌補虧損，結果使得連續劇製作環境更加惡化。

在競爭加劇的過程中，大型製作公司採取了名為「營柱（tent-pole）策略」的新製作方式。營柱策略本來使用在電影產業，簡單說，就是所謂的「梭哈[19]系統」。連續劇《陽光先生》，就是營柱策略的代表案例。製作公司投入超過年度預算一半、天文數字般的製作費，使發行大獲成功，並透過這個成功填補了年度財政收入。事實上，透過二〇一八上半年的《陽光先生》和下半年的《阿爾罕布拉宮的回憶》，CJ ENM 就完成了一整年的營柱策略。過去，MBC 以一部《大長今》達成好幾年的收入目標，這個神話般的故事，不知何時，竟成了產業的常態結構。

坦白說，電視台與製作公司將本逐利，財政策略本身並不值得批判，但營柱策略對工作者產生了負面的影響，因此不能無視這個策略。（營柱策略另一個常受批判之處，是因為其獨佔製作費的特點，導致連續劇多樣性不足，但本章暫且不論這部分）。若有投資偏重於一部連續劇，那麼自然就有得不到投資、製作費困窘的連續劇。在保障工作者之勞動權制度尚未完備的情況下，製作費的減少，只會侵害勞工權益。特別是隨著連續劇間的競爭劇烈化，工作人員的勞動條件亦持續惡化。製作公司與電視台越是過度執行策略，工作者便越被逼入絕境。

## 掮客（broker）

近來，連續劇製作出現了類似「掮客[20]」的業者。這種中間業者，走大型外派業者的路線，他們也是拍攝現場勞動情況持續惡化元凶之一。從二〇一八年開始，掮客四處橫行。在蔚為話題的幾部知名連續劇中，流傳著某位掮客S露骨地向配角演員們榨取手續費的消息。

S替配角演員成功牽線後，會收取百分之三十的手續費，從現行法律上來

18 綜合播放頻道：韓文漢字寫成「綜合編成頻道」。
19 梭哈：撲克牌遊戲的一種，意指將所有的籌碼都押出。這裡是指將所有的製作費全押在特定一部連續劇上。
20 掮客：泛指替人介紹買賣，並從中抽取佣金的人。

看明顯違法。但因電視台與製作公司減少人力，沒有招募演員的餘力，因此掮客公司逮到機會，以替演員牽線為名目，收取過高的手續費。今日連續劇產業的景況，促使了掮客的大量出現。

掮客的惡劣行徑一天比一天嚴重，他們不僅會以「教育費」為名苛扣兒童和青少年演員的酬勞，還將觸角延伸到配角演員之外，開始幫各種幕後工作人員牽線，使得問題更加嚴重。

美國也有媒合電視台工作的公司，就是人力仲介（agency），但在韓國，這些業者絕對不配被稱為仲介。仲介必須扮演媒合的角色，使有能力的人進入更好的環境工作，但韓國的掮客並未提供更好的機會給從業人員，反而是利用勞工不安的心理，敲詐一筆高額手續費，作威作福。他們提供的福利，不過就是將上門造訪的求職者個資轉達給電視台，協調面試時間，或安排簡單的工作而已。但因配角和工作人員在現場是徹徹底底的被動方，無可奈何之下，只得仰賴掮客。

政府相關機構並未正視這個問題，以現行法令來規範也有不足之處，因此找不到根本上的解決方式。雖然電視台和製作公司均公開表示會與演員直接簽約，即便透過仲介，也不會將手續費轉嫁到演員或工作人員身上，但情況是否會完全改善，還需持續追蹤。

其實，在影劇業界中，這種掮客並不常見，但在此提出來是有原因的。連續劇工作人員處於絕對劣勢，即使他們的正當權利被侵害了，在制度內也沒有可以獲得救濟的方式。掮客的案例，明確呈現出這點。透過掮客，揭露出業界黑暗面：大部分的僱用都是透過人脈解決，落後且封閉，所以我們有必要關注這個現象。

## 承包架構

如前所述，劇組工作現場，聚集了各種專業領域的工作者。外包盛行，壓低製作費也盛行，此時，連續劇產業結構中最先出現的變化，就是金字塔型承包架構的普及化。金字塔型的承包架構，在營建業十分普遍，如今影劇圈也呈現出相似的結構。電視台透過製作公司來建立承包架構，製作公司與燈光組、現場收音組、器材（場務）組等各組別簽訂承包合約，鞏固了金字塔型的結構。

在同樣的技術組中，即使提供一樣的勞動，攝影組是與製作公司簽訂直接的合約或自由業者合約，但燈光組、現場收音組、器材組等組別，簽的卻是各組不同的承包合約。即使是就在身旁一起工作的人們，也會發生各自簽約的公司、簽約方式都不同的奇特情況。各組別的助手們，甚至會像韓國的營建業一樣，將導演稱為「父親」、「首領」，可見這兩個業界的運作有多麼相似。

金字塔型的承包結構，首先在責任關係上就成了一大問題。演員朴赫權在時事節目《TBS張允善的 Issue Fighter》中，

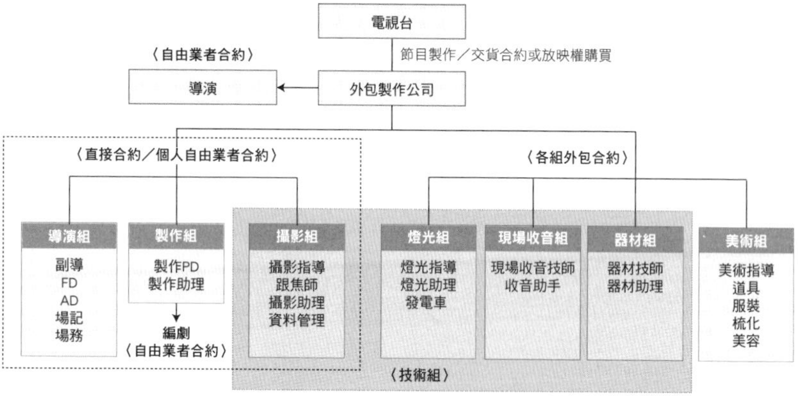


連續劇製作之外包合約金字塔結構

「韓國連續劇是非法的」（2018. 10. 23. 播出）那一集裡，作證表示：「現場有一百人的話，能依照法定『勞工』標準（勞動基準法）取得應得待遇的人，連五個都不到。」

在這不到百分之五之外的工作人員，即使出了問題，也因為他們都是約聘員工、臨時工，而無法去向電視台爭取什麼。在工作人員中，有被稱為攝影指導、燈光指導的領頭組長，以及在各組工作的助理，他們同樣都是勞工，全都要接受電視台指派導演的指揮。但電視台或製作公司在法律上是不用對這些人負責的，反而是各組的指導，雖然自己也只是勞工，卻必須承擔責任。承包架構越堅固，勞動條件就越脆弱。當各組別工作人員發生問題時，受到處罰的對象，不是製作公司或電視台，而是各組別的指導。

## 獨步全球的韓國連續劇播出方式

連續劇製作現場的長時間勞動問題，不是靠幾名善良的管理者努力就能解決的。拍攝時間之所以變長，原因來自於韓國連續劇才有的特殊情況。韓國連續劇每週播出兩集，每集都在七十分鐘以上，全世界除了韓國以外，沒有別的國家是這樣的。以美國來說，每週一集的連續劇，播放時間最多也只有五十分鐘左右，僅是韓國三分之一的量而已。

話說回來，韓國連續劇的播出方式，也並非從一開始就是這樣。當有如金秀賢般知名的編劇參與製作時，以及收視率逼近百分之四十到五十的熱門作品接連出現時，會引發觀眾們對連續劇本身的關心，這些都可以說是原因。觀眾們猛爆式的關注，可以讓連續劇得到大規模的廣告收入，建構出連續劇產業的巨大資本生態系。在連續劇產業的爆炸式成長過程中，SBS[21]完全鞏固了地位，率先將每集時間延長為七十分鐘，比另外兩家無線電視台[22]的六十分鐘連續劇播放時間還長。因為想要提高收視率，所以比其他電視台的連續劇還要更早一點開始、更晚一點結束。這種前所未見的每集長達七十分鐘，就率先於韓國登場了。

CJ ENM、JTBC等有線電視頻道的出現，更激化了電視台之間的惡性競爭，甚至還出現過單集超過一百分鐘的紀錄。這些都是韓國連續劇產業的常態。

※本節資料參考來源：

- 金東元，〈市場的成長，勞動的墜落：為韓國連續劇製作現場勞工運動而提的提案〉〈시장의 성장, 노동의 추락: 한국 드라마 제작 현장의 노동운동을 위한 제안〉，「李韓光PD死後，連續劇製作現場兩年的變化與課題」討論會。（2018）
- 〈勞動基準法修訂法施行！但電視劇現場卻？〉〈개정근기법 시행! 그러나 방송 현장은?〉為縮短電視界勞動時間之討論會。（2018）
- 〈大企業非正職員工實況研究〉〈대기업 비정규직 실태 연구〉，全國廢除不安勞動聯盟。（2018）
- 〈韓國連續劇製作現場之勞動實況及永續對策探討〉〈한국 드라마 제작 현장의 노동 실태와 지속가능한 대안 모색〉，為改善連續劇製作現場勞動人權之討論大會。（2018）
- 〈攝影機後面是活生生的人〉，〈카메라 뒤에 사람이 있다〉已故李韓光PD事件後，連續劇製作現場之勞動實況改善國會討論會。（2017）

---

21 SBS：韓國民營無線電視台，英語名稱為Seoul Broadcasting System，舊稱「首爾放送」，現以韓語漢字「株式會社SBS」為正式名稱，中文翻譯為「SBS股份有限公司」。

22 編按：韓國無線電視和台灣一樣有所謂「老三台」，分別是：KBS、MBC和SBS。

# #5 過於簡單且可怕的「外包合約」

記得小時候在教科書上看過一則童話，說的是眼睛、嘴巴、手、手臂、腳等身體器官，各自認為自己比較重要而吵架。即使器官功能各自不同，但要互相配合，才能構成一個完整的身體，因此無法一個個分開來看，是個有寓教意義的故事。您可能覺得奇怪，我為何講了個這麼理所當然的故事。事實上，這個簡直是一般常識的故事，卻有個完全行不通的地方，那就是連續劇業界。

擔任二十年燈光指導的崔明亮先生，是參與《對不起，〇愛你》、《祕密〇園》、《天空〇城》等眾多成功作品的資深老手，至今仍為了製作優質影劇而堅守工作崗位。有一次，他的攝影組在前往拍攝現場途中爆胎，無法在預定時間抵達，主要演員和導演全都已在現場就位，但攝影器材卻到不了，單憑老鳥崔明亮一個人的力量，終究還是無法成功進行拍攝。

類似的情況時有耳聞：除了現場收音組之外，其他組全都沒趕到，導演氣得大罵到底是要錄廣播劇還是拍連續劇；燈光組沒到，那麼不管攝影機再怎麼高檔，攝影組都無法把演員們的亮麗模樣錄進底片裡……一部連續劇，需要各種專業人員同時同地同心協力，形成一個團隊，各司其職，才能完成拍攝。雖然這是沒參與過影劇工作的外行人也知道的常識，但不幸的是，這在連續劇的工作日常中，常常是行不通的。

正因外包合約這種方式，打破了電視台與製作公司正常的框架。外包合約是金字塔型的承包架構鞏固化的過程中，最普遍出現在業界的合約。英文是「Turn-Key Contract」，Naver 字典是這麼解釋的：

「總括專案整體，包含企劃、調查、設計、籌措、施工、維持管理等在內的簽約方式。名稱源自於發包者只要在案子完成後，扭動鑰匙即可之意。」

外包合約主要用於營建業。在蓋一棟建築物時需要各種工程，發包者將整包的預算丟給進行隔熱材料施工、籌措、設計等各工程的人或組別。簽約的組別，要在總額內自行規劃人事費、施工費等，在進行工程後將完成品交付給發包者。大規模的建設公司為節省費用及強化垂直組織而固定採用外包合約。建設公司與個別工作團隊簽訂勞務契約，現場的建設勞工，大多數都是被承包商僱用來進行工程的。總是被稱為「工頭」的工班班長在成了書面上的老闆，形成了「工頭必須對自己所管理的勞工負責」的文化。

精通隔熱材料施工技術的W，正擔任「工頭」的角色。W與A建設公司簽訂了兩億韓圜的隔熱材施工合約。W必須在既定的預算內完成隔熱材工程。他得親自去找一同進行工程的勞工，甚至在進行工程過程中，如果僱傭關係上發生了問題，責任也不在建設公司，而是歸在身為工班班長的自己身上。在這個框架下，即使建設現場發生產業災害，建設公司也很輕易就能推卸責任。因為承包結構及外包合約的限制，承包者的權利變得極為脆弱，使營建業界的不合理惡習變本加厲。

連續劇業界的金字塔型承包架構，幾乎就跟營建業一模一樣，電視台與製作公司終究還是仿效了營建業的惡習，甚至引進外包合約。在這裡，發包者是電視台與製作公司，他們與燈光組、現場收音組、場務組等各個組別簽訂外包合約。就結論而言，外包合約是最大力壓迫工作人員的最糟糕簽約方式。

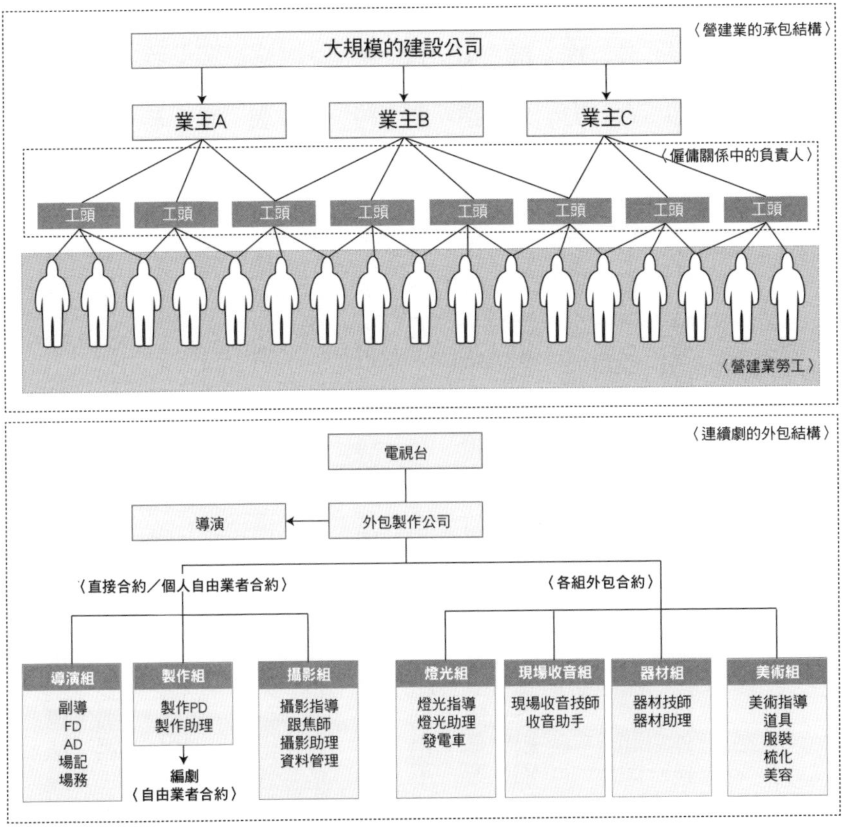
〈營建業的承包結構〉
大規模的建設公司
業主A
業主B
業主C
〈僱傭關係中的負責人〉
工頭
工頭
工頭
工頭
工頭
工頭
工頭
工頭
〈營建業勞工〉
〈連續劇的外包結構〉
電視台
導演
外包製作公司
〈直接合約／個人自由業者合約〉
〈各組外包合約〉
導演組
副導
FD
AD
場記
場務
製作組
製作PD
製作助理
編劇
〈自由業者合約〉
攝影組
攝影指導
跟焦師
攝影助理
資料管理
燈光組
燈光指導
燈光助理
發電車
現場收音組
現場收音技師
收音助手
器材組
器材技師
器材助理
美術組
美術指導
道具
服裝
梳化
美容

外包合約，營建業與連續劇業界的結構對照

影劇製作現場的系統與人的身體結構相似，各組別無法獨立分開工作，整合性更甚於營建業。在拍攝現場，只要有一組不在，誰都無法先開工，各專業組別並非聚在工作室裡就可以一起進行作業。並不像 Naver 字典的解釋，發包人只要在完成後扭動鑰匙即可。

影劇製作與管弦樂團相似，導演就像指揮，所有人都得聽他的指示，分工合作，形成金字塔型的結構。比方說，現場收音組的領導者是收音指導，但就算他是簽約的委外工作者，也得在導演的指揮監督下執行工作。假設導演決定清晨六點開始拍攝，就算過了午夜都還沒拍完，任何組別也不能擅自離開。導演若突然指示色調要打亮一點，那燈光組就要立刻達到這個要求。

根據外包合約，雖然有規定管理者與承擔責任者為各組別的指導，但現場的管理權力卻都在導演身上。可說契約本身就有問題了。

外包合約在本質上極不公平，不僅在營建業引發諸多問題，也不適用於影劇產業。即使如此，大部分電視台和製作公司仍持續採用外包合約。

## 「去找你們老闆。」

影劇製作現場的管理者，也就是資方，不論怎麼看明顯都是電視台與製作公司。但他們可以透過外包合約，將法律上的責任轉嫁到各組的指導身上。在其他業界被稱為多級承包結構的系統，在影劇製作現場則用外包合約完成。電影《辣手警探》中出現了類似的橋段。演員鄭雄仁所演的貨車司機被拖欠薪資，他為了解決這個問題，千方百計地奔走，但在中間業者與外包大企業間吃盡苦頭，結果遭遇了令人難過的意外。韓國社會的多級承包結構中，經常出現迴避責任的好戲：「去找你們老闆。」在任誰來看都能知道資方是誰的影劇製作現場中，這類事件依舊持續地發生。

外包合約甚至比一般的多級承包契約還更惡劣。在承包契約中，有些上游外包企業的責任歸屬最後出了問題，但至少勞動者們簽了勞務合約。但在外包合約中，組員們在人事費未明確受到規定的情況下，就發包了勞務，因此，各組別的助理們無法簽訂勞務合約的情況，層出不窮。

攝影指導朴焦點先生參與過超過十部作品，卻從來沒有在契約上見過「勞務」、「勞動」等字眼。契約上只明確標示了「甲」方製作公司令「乙」方工作人員小組完成符合勞務目的之作品的內容。朴先生細數自己見過最糟的合約，內容中明確寫著「乙」方不得向「甲」方主張僱傭關係。

| | | |
|---|---|---|
| 節目 | 節目名稱 | ○○○ |
| | 型式 | 預計○○○集 |
| | 播出日期 | ○○○○年○月○日 |
| 委託業務 | 委託日期 | ○○○○年○月○日 |
| | 預定完成時期 | 自簽約日起至提供完本節目製作相關勞務後，至「節目」工作結束日為止。 |
| | 工作內容 | 1 節目製作相關○○○之一切業務。<br>2 包含早班、加班、假日工作。<br>3 執行費：包含汽油費、交通費、餐費及所有執行費。<br>4 工作時間：一天二十四小時。 |

| 報酬支付 | 轉包費用 | ○○○○○ |
|---|---|---|
| | 支付時間及方式 | 1 帳號：○○○○<br>2 支付日期：○○○○<br>3 支付方式：○○○○ |
| | 其他 | 在「製作公司」協議之範圍內實報實銷。 |
| 特約事項 | ·「乙方」不得向「甲方」主張僱傭關係。<br>·至節目工作結束日為止，「乙方」須向「甲方」傳達勞務成果物。<br>·勞務費用包含節目製作所必需之人事費等所有經費。<br>·器材使用時之損壞、遺失等所有責任皆由「簽約者」負責，於契約結束時須負起復原相關器材之義務。 | |

導演一天下達十幾次指示，自己只是在執行任務，卻被當成跟電視台是一夥的，背了一堆黑鍋，沒有比這更荒唐的了。雖然一肚子火，但當時只是個拿不出太多成果的乙方，所以什麼話都說不出口。

包藏這種惡劣條款的契約，並不止一、兩份。在朴先生所簽過的所有契約當中，工作時間沒有寫一天八小時的，也沒有寫一天十小時的，全都是「二十四小時」，無一例外。而因契約中對於執行費項目的各種交代不清，導致乙方時常面臨倒貼賠錢的窘境，連因導演自己失誤而必須重拍時，衍生的額外費用都要由朴先生自行承擔。根據其他人的說法，甚至還有當收視率下降時得以解除契約的條款，內含這種惡劣條款的合約書，比比皆是。

朴先生表示，他入行那時，外包合約尚未如此盛行。隨著影劇市場持續擴大，外包變得理所當然之後，外包合約才變成了一種行規。電視台和製作公司與工作人員之間的甲乙關係變得更糟，薪資條件也更惡化。

朴先生在拍攝連續劇《○生》時，負了一大筆債。他簽了一億韓圜製作費的契約，找好了器材與助理。但在拍攝中期，導演突然要求一定要用某種特別功能的攝影機，命令朴先生在一億韓圜之內去解決攝影機的費用。朴先生無可奈何，只好刪減人事費用，即便如此，他的帳務還是呈現赤字。拍攝完此劇之後，為了解決債務，朴先生隔天馬上又跳入下一部連續劇中掙錢。

朴先生想念二十年前的業界狀態，如果跟從前一樣，那麼工作人員在現場只要認真工作一兩個月，就能擁有一個月左右重新充電的時間，但現在的薪資水準，卻是工作一結束，馬上就得開始新的工作，才能勉強維持生計。

電視台與製作公司利用承包契約，避開了勞動基準法的薪資規定，狠狠壓低單價。即使人事費用不足，只要讓各組自行想辦法就可以了。結果，簽下外包合約的所有組別，勞動條件必然惡化，甚至有工作人員不被認為是勞工。外包合約讓甲方的立場變得穩固，關於乙方的一切資源，無論是人還是器材，就只是手段或道具而已。

「如果拿到的錢夠多，我也想給他們多一點，讓他們可以不必緊接著做下一檔戲，可以多休息一、兩個月。但現實卻不是這樣。今天工作結束後，明天、不然就是一週之內，一定要再找到下一檔節目，要繼續工作才行，所以，我和工作人員之間的關係都變得很苛刻。這都是外包（合約）造成的。」

在外包合約的問題被注意後，有好幾家電視台和製作公司公開發表要簽訂直接合約，做為示範。許多人肯定電視台的決定。即使如此，還是得繼續觀察未來影劇業界會朝什麼方向變化。雖然有示範案例廢除外包合約，但大部分的電視台和製作公司只是在觀望，他們仍然站在外包合約無法杜絕的立場，因為那是可以迴避資方責任的最佳手段。甚至，當各組的組長指導們團結起來，表示要廢除外包合約之後，出現了取巧的方式：與各組組長是簽訂直接合約，但與現有組員中的大助（組長下一階的工作者）簽訂外包合約，壓迫相對來說力量較弱的大助，以繼續維持甲方的利益。

二〇一八年，勞動部特別勞務監督官造訪了影劇工作現場，他雖然認同工作人員的勞動性，卻否認簽了外包合約人員的勞動性。若沒有明確規定出真正的資方，那麼電視台與製作公司就會持續迴避工作現場發生的問題。如此便無法解決電視業界的不合理問題。因此，必須要明確訂定原則才行。

就像不能硬是把人的身體劈開一樣，攝影機後面的工作人員，同樣也不能被區分層級後各自去簽訂惡劣的外包合約。負責現場的CP和PD，以及僱用他們的製作公司和電視台，都必須負起責任，要和所有的工作人員簽訂公平的合約才行。

在編列製作費時，也不能只是把各組別的預算大致算出來，然後整包丟出去，而是要根據勞動基準法明確地估算出薪資。影劇工作現場硬是將各組拆開，就像是在亂拆玩具機器人的手腳一樣，我們必須根絕這種行徑。

※本節中出現的人物及特定專業人士的故事，是以現場工作人員的訪談為基礎撰寫而成。

# 第二章　CLOSE UP

## 攝影機後面，沒有這些事

# #1 沒有睡覺的時間——攝影機後無法入眠的夜晚

## 五十五天中，只有兩天

我永遠忘不了看到韓光哥上下班紀錄的那刻，在開始製作連續劇以來的五十五天當中，休息日只有兩天。當時我正在服役，只聽說工作很硬，但想都沒想到竟是這種程度。爸媽每週只能見到哥哥一、兩次，而且還都是凌晨四、五點這種時間。在結束二十個小時的拍攝工作之後，回到家的哥哥，只能睡上兩小時，又得再前往拍攝現場。

## 12 ON 12 OFF

二〇一八年十月二十六日，哥哥過世兩週年，我和想解決影劇製作現場問題的人們，一起度過了兩週年追悼式。

包含組成工會的影劇工作人員在內，許多人聚集起來，決定了兩週年追悼式的代表句，那就是「12 ON 12 OFF」，意思是「工作十二小時，休息十二小時。」在法定工作時間為八小時的時代，工作十二小時、剩下的時間請讓人休息的這種淒慘要求，雖然令人辛酸，但這是為了改善勞動環境的

12 ON 12 OFF 海報

第一步，全場所有人一致同意這句話用於追悼式中。

將Kakaotalk[23]的頭像換成「12 ON 12 OFF」的圖案之後，有一位朋友聯絡了我。他是位親切、熱心的朋友，雖然對電視業界不太了解，但他為了幫我們加油，傳了訊息過來，內容如下：

「韓率！追悼式的標語，我也有同感，如今是第四次工業時代，為什麼還堅持一週工作五天呢？在一週之內隔日上班，工作十二小時後隔天休息，多好啊！」

這位朋友是約聘員工，任職於工作強度相當高的某知名企業。即便如此，他也沒想到「12 ON 12 OFF」就是字面上的意思，是一天當中工作十二小時後休息十二小時的主張，而不是他以為的那種隔日上班制度。

在影劇工作現場中，一天工作超過十八小時還不夠，這種殺人般的拍攝進度，要持續進行兩到三週，對一般人來說，是難以想像的。一週工作超過一百二十個小時也被視為理所當然，這就是攝影機後面的世界。

## 每週126小時

即使韓光哥過世已經兩年半，政黨輪替後，推動每週工時五十二小時制的政策引發社會大亂，影劇業界依舊不動如山。

有一次，從一部持續維持高收視率的影劇製作現場，傳來了舉報：一週有六天拍攝二十一小時。韓光中心展開行動，對每週一百二十六小時的不合理勞動時間提出質疑，對此感到壓力的製作公司和電視台公開表示會提出解決方案。製作公司和電視台的反應變快了些，我也產生了「時代終於改變了嗎」的期待感，能幫助到工作人員，讓人感到滿足。

但好笑的事發生了。

「如果說工作二十一個小時是殺人般的工作，那就減少成十八個小時吧。不過，本來是六天的行程，要改成一週工作七天。」

---

23 Kakaotalk：是韓國的一款智慧型手機 App，功能為通訊服務，在韓國十分普遍，類似 Line、WhatsApp、WeChat 等。

這樣的公告傳至工作人員。舉發者茫然不知所措，看起來似乎在後悔向韓光中心舉發這件事。公司在深思熟慮後下的結論，很明確是毫不更改工作時間，堅守一週一百二十六個小時的工時。就像朝三暮四一樣，如果覺得一天只休息三小時很辛苦的話，那我讓你休息六小時，但你要把休息日退還出來，居然把這種不像話的計畫說成是解決方案。

## 「不想播出節目了嗎？」

即使每週拍攝時間超過一百二十個小時，因為管理階層的一句話，所有人都要放棄睡眠。在覺悟與睡眠互相交疊的極度疲勞狀態下，還是得守護拍攝現場，得撐下去才行。這種「溶接」的時間會持續一個月。

每當影劇製作現場的長時間勞動問題被提起時，管理階層只會說，這一行的特性就是如此，他們也沒辦法解決：「我們非常了解長時間拍攝的問題，但沒有辦法，總是得先讓電視播出才行嘛。」這種話在正式公開的場合也時常聽

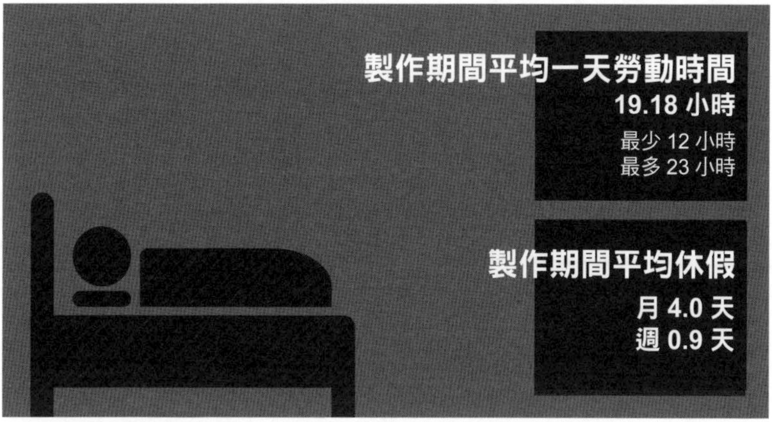


韓國連續劇平均製作時間（© 한빛미디어노동인권센터）

到。連續劇一週播放兩次，這種播出頻率，對他們來說，是神聖不可侵犯的領域。因為如果連續劇開天窗一集，製作公司和電視台就會受到廣告收入及相關的財務損害。

比起承受這些損失，製作公司與電視台，更寧願讓身處最脆弱環節的工作人員們，徹夜工作，再工作。

## 不是變數是定數

在連續劇企劃的過程中，呈現出的各種業界積習，也是讓問題更加嚴重的原因之一。

首先，影劇產業長久以來的知名惡習「當日劇本」就是代表性的例子。因為過度在意收視率及廣告收入，所以會根據觀眾的反應，在拍攝途中扭轉劇本的走向。由於逼近播出時間才完成劇本，因此PD、工作人員及演員等，都是在對劇本理解度極低的狀態下拍攝。隨著當日劇本的程度越嚴重，執行出錯率也隨之增加。在這種情況下，每週要拍攝將近兩百分鐘的份量，這是所有人都無法承受的。即使為了解決當日劇本的問題，而在事前進行許多準備，但工作現場仍經常發生這種狀況。

以因長時間拍攝而造成問題的連續劇《H》來說，他們在事前做了許多劇本準備，所以原本可以從容地開始拍攝。是在維持十二小時拍攝中，相對較理想的狀況。但當上級推翻了整個劇本，並替換了編劇，下達了從第一部開始重寫的指示後，現場毫無疑問地變得相當緊迫。電視台、製作公司及導演階層的這種惡習，讓今日的影劇製作現場變得更加淒慘。

韓光哥參與過的《獨酒男女》，也是從安全的半事前製作企劃開始的，但在播出前一週，發生企劃被推翻、攝影組重新改組的事件。當這個狀況發生時，要承擔責任的就是在現場的工作人員們。一直以來，下面的人為了遵從上級決定的事項，為趕上播放時間，而忍受著殺人般的長時間勞動。蹂躪現場的勞工們而維持住的結構，電視台及管理者們，彷彿理所當然一般持續做著這種事。

不只電視圈，各行各業的各種專案，也會產生不可避免的變數。或許您會反問，這應該不是影劇工作才有的特殊情況吧，無論什麼行業都會有不可抗拒的變數，造成勞動時間過長，不是嗎？但請試想一下，每週都要製作超過一百四十分鐘的連續劇，還有各種惡習殘存的影劇產業，並不是因為無可避免的變數而產生問題，而是從一開始的條件就註定會引發問題了。差別只在於是在更糟糕的情況下，還是在沒那麼糟的情況下拍攝而已。

在勞動嚴重超時的問題引發討論後，ｔｖＮ的一部連續劇，本來計畫要透過半事前製作的方式來改善，但在即將播出時，某位主要演員卻中途辭演，以至於他所演出的部分必須全部重拍。就進度與人力考量，正常的作業方式不可能負擔起每週近兩百分鐘的播出份量。結果，這部連續劇的工作現場，還是得撐過好幾週單日超過二十個小時的拍攝行程。

二〇一八年，韓光中心收到了三十二部連續劇超時勞動的舉報。即使不考慮未舉報的黑數，或中心營運初期舉報系統還不夠知名，殺人般的超時勞動就已有如此之多的案例，幾乎可說超時勞動就是所有攝攝現場的常態。

為了解決問題而去見導演組時，他們就像事先排演好的一樣回答：「雖然很遺憾，但因為不可抗拒的變數，所以不得不這麼做。」事情到這個地步，已經不是變數，而是定數了。而且也不是不可抗力的變數，而是明明可以收拾卻沒有去改善的定數。

在連續劇拍攝的過程中，難免會有些意外發生，但誰都知道的事情就不是意外，就不能算是變數。遇到類似前述的案例，就得要在播出前拍攝好相應的份量，或減少播出時間，或是在產生重大不可避免的變數時，得以延遲播出才對。然而製作公司與電視台並沒有做出合理的對策，只是責怪變數而已。在不改善結構的情況下，以「得讓節目順利播出才行」的說詞，將所有問題都轉嫁到勞工身上，無論如何都是不正當的。

## 明天會有所不同嗎？

「希望乘車時間乾脆長一點，因為這是唯一可以睡覺的時間啊。」

「凌晨四點收工，想睡足兩個小時，所以去了汗蒸幕。但其他人都不敢跟我去，而是直接留在車上。因為他們擔心汗蒸幕太舒服，要醒來太難了。」

我再也不想看到這些舉報了。雖然我在腦海中一直想像著影劇製作現場變美麗的各種情景，但如今，光是面對最基本的超時勞動問題，就已令人不敢想像後面還有怎樣離譜的煩惱。

話說回來，透過現場舉發和積極處理，電視台方面總算也開始提出一、兩件改善方案，也聽過某些製作單位宣布「單日最長工時限制為十二小時」的消息，但還是不能完全相信電視台。仔細研究這些改善方案，會發現工時中不包括休息時間及部分車輛移動時間。把這些時間加上去的話，整體工時就會增加為十五到十八小時。因為這些投機取巧，讓改善方案形同虛設。就算宣布了工時限制，但實際上，工作現場還是一再發生類似的問題，電視台的公告有名無實。「誰會遵守工時限制來拍攝啊？」「我們的工作根本不會減少吧。」工作人員們持續自嘲著。

甚至最近還傳出消息，說電視台欲透過「彈性工時制」避免縮減工時。善用彈性工時制的話，各種旁門左道都會變得可能。舉例來說，拍攝時間三個月的劇，若適用於六個月的彈性工時制度，那麼製作期間的三個月中，可以拍攝的時間，將會是平常限制時間的兩倍。也就是說，可以從每週五十二個小時變成一百零四個小時，在法律上算起來也沒問題的。政府相關單位積極地討論引進彈性工時制，加劇了不安感。

這種不像話的取巧方式如果氾濫起來，攝影機後面的工作者們又會再次受到嚴重迫害。在勞動上，工時是最基礎的領域，絕對不能再持續現行的超長工時了。為了影劇製作現場的工作者們，這是絕對不能讓步的最後防線。對於今日不像話的情況，政府、電視台、製作公司，以及工作者們，全都應該要選擇改變才對。每週五十二個小時的工時制度，是每一位勞工都該享有的權利。做出美麗連續劇的人們，也該要活得像人才對。

**二〇一八年公開被指出有勞動超時問題的連續劇名單：**

今天的偵探、雖然30但仍17、Nine Room、Voice2、如果是她的話、愛上變身情人、認識的妻子、火星生活、Player、Lovely Horribly、捉迷藏、十二夜、我的ＩＤ是江南美人、魔女之愛、我的大叔、馬成的喜悅、我在路邊撿了個藝人、花遊記、最完美的離婚、壞爸爸、一起吃飯吧3：Begins、Life、致親愛的法官大人、客：The Guest、阿斯達年代記、Priest、福秀回來了

※ 韓光中心在提出質疑前，已進行多次查證，目前確認上述二十七部連續劇有嚴重的勞動超時問題。當然，未包含在上述清單中的連續劇工作現場，並不表示就沒有類似的問題。

## #2 沒有錢——超時勞動卻只拿到超低薪資

金銀淑編劇的tvN連續劇《陽光先生》，轟動了二〇一八年夏季，據悉包含Netflix的投資在內，共獲得超過四百億韓圜（約新台幣十億元）的製作費，預算不亞於大部分美劇或好萊塢電影。隨著全世界對韓國連續劇的需求增加，製作規模也持續擴大。

連續劇製作費是以「集」為標準編列的。一般來說，無線電視台會策劃一集約三到四億韓圜左右的製作費。而以JTBC、tvN而言，是以「先支出後填補」的方式規劃製作費，平均比無線電視台更高。因此，即便不是《陽光先生》的高檔水準，迷你連續劇的總製作費，大部分也都在五十億韓圜以上。

說到製作費，自然就會想到這個問題：

「那些錢都到哪裡去了？」

工作人員連最低薪資都領不到，每週還得工作超過一百個小時，進到電視台與製作公司的那些錢，到底都到哪去了呢？

其實，電視台和製作公司從來就沒想過要提高工作人員的薪資，更沒有建立能讓勞工獲得正當待遇的制度。以外包合約壓低薪資的部分，前面已經提過了。實際比較二〇一八年與二〇〇八年的外包合約費用，許多劇組是維持不變的。一開始就不簽訂勞務合約，而外包合約的費用也沒有上升，工作人員的個人薪資，根本就沒有調漲。

雖然投資費用增加了，但電視台與製作公司卻持續簽訂外包合約以壓低成本，限制了工作人員的薪資。不只薪資，餐費六千韓圜（約新台幣一百六十元）、住宿費四萬韓圜（約新台幣一千元），五年間都沒有變動過，有許多製作單位還刪了餐宿費。甚至最近還發生ＳＢＳ以商品兌換券支付薪資的事，引發社會熱議。電視台與製作公司「壓低薪資」的手段，隨著持續不斷的爆料而令人大開眼界。

製作單位不確實支付薪資，進而濫用制度的行徑，這些案例如果全都要列舉出來，恐怕一本書都還寫不完，我舉幾個代表性的案例好了。

首先，談一下「日薪體制」。收音師張先生參與了名為《沙〇》的劇組，與製作公司簽訂日薪合約。所謂日薪合約，指的是不管工作時間長短，皆支付同樣薪水。因為身邊許多工作人員簽的都是日薪合約，所以以為沒什麼太大問題。但開始拍攝到過了一半左右時，製作公司持續制定緊迫的拍攝日程，一天讓他工作二十個小時以上。雖然期待會補貼追加的費用，但製作公司表示，因為當初簽的是日薪合約，所以別作夢了。張先生這才醒悟，製作公司根本是蓄意將進度排得如此緊湊，反正對日薪合約的勞工來說，不管叫他們做多少個小時，都只付同樣的錢就可以，那就沒必要去制定合理的八小時拍攝計畫。

這不是虛構故事。事實上，以tvN因一百二十個小時工時而引發問題的某劇來說，工作人員個人在製作期間拿到的薪水，若除以工時，時薪只有約三千八百韓圜（約新台幣一百元）。二〇一八年的最低薪資為七千五百三十韓圜（約新台幣一百九十五元），工作人員以八小時工時為基準，簽訂了領取日薪的合約，但一天卻拍攝二十小時，拿計算機大概算一下也知道，時薪連四千韓圜都不到。

而外包合約的問題，也讓薪資問題變得更加惡劣。站在電視台與製作公司的立場，將全部金額支付給簽了外包合約的組別後，即使計畫全部被推翻重新拍攝，也不需要再支付額外薪資給他們。站在簽訂外包合約組別的主管人員立場上，一旦收到拍攝時間因故延長的通知，想要多給助理們薪水，從現實上來看並非易事。結果，各組別助理們勉強拿到最低薪資水準的薪水進行工作，基層菜鳥們得領著連這個水準都不到的薪水，硬著頭皮工作。

比起保障勞工權益，電視台與製作公司優先考慮的，當然還是節省成本，從遇到問題時他們的處理態度就能看出這個事實。隨著長時間拍攝持續進行兩到三週，無法忍受的工作人員向韓光中心舉發，韓光中心進行處置時，製作公司的態度大多始終如一。他們認同拍攝時間過長，因此答應要快速地組成B組，以期工作時間正常化，同意並承諾要支付超時津貼給工作人員。

所謂B組，是指在主要導演組以外，創立一個支援性質的導演組，將劇本分工拍攝。因為若非主要場面，就沒必要非得由導演親自拍攝，從分擔工作份量的立場來看，這是非常有用的方法。

近來，這些出了問題之後的補救措施，履行速度確實變快了，電視業界惡名昭彰的工時問題，似乎稍微解決了一些，讓人感到慶幸，但若增列B組以及支付超時津貼其實是這麼簡單的事情的話，那麼在發生各種狀況而預料到工時即將變長時，早就應該要這樣處理了才對。

如果這些問題沒有被提出來，製作單位肯定會沿用舊的方式。對電視台與製作公司來說，負擔更多人事費用，這個選項不在優先順位之內。社會結構及制度容忍他們這麼做，且在壓榨成了日常文化的製作現場中，也許這是再理所當然不過的舉動也說不定。

有幾間製作公司決定將外包合約改為直接合約，但這個決定並不是用來解決薪資問題的。現行簽訂外包合約的組別改為直接簽約，只是換了資方，拿到的薪資還是和從前一樣，因為過去一直以來的慣例就是這樣。簽約對象，只是從各組組長變成製作公司，薪資並沒有上調。

最近還出現了新的投機行為。過去兩年半以來，基於工作者們對工時的各種質疑，我們推動了「堅守每週六十八小時工時」的運動，電視台與製作公司亦無法忽視這個訴求。不過，為了要讓連續劇拍攝期產生餘裕，似乎又讓他們覺得消耗掉的人事費用太可惜。所以，在遵守每週六十八小時工時的同時，製作單位安排出「單日拍攝二十小時，隔天不拍攝」的行程。結果，檢視一週的總拍攝工時，雖然守住了總數六十八小時，但實際上，拍攝期間並非單週七天，而是只有三到四天。工作人員在被殘酷虐待般地過勞工作後，卻只能領不到現有薪資三分之二的酬勞，變成了這樣的一個文化。

關於「六十八小時」這件事，以及製作單位投機取巧的後續發展，引發工作者們的議論紛紛。這場原本是為了工時合理而進行的社會運動，反而害工作人員的薪資減少。我們出於善意的幫忙，提出合理的要求，結果卻使工作人員蒙受損害，實在太令人心痛。

在同一個製作現場中，有人拿著不到最低薪資一半的工資，相反也存在一集收入超過一億韓圜的明星演員、編劇和導演。有線電視與綜合頻道也持續煽動哄抬他們的身價。站在觀眾而非從業人員的立場來看，我們無意評論他們拿到的價碼。畢竟，在海外收到歡迎，自然會產生相應的版權交涉費用，總之這是企劃者與參與製作者們的責任。只不過，一直以來，明星演員和編劇的片酬直衝雲霄，財務規模也充分擴張至足以負擔的地步，但一同製作連續劇的工作人員、配角等弱者們，權益卻被排除在外。業界過度的薪資差距，幕後人員們的自卑感也變得極高。管理者們即使完全認知到這些問題，卻連最低限度的勞動權益都不保障，我認為這應該要受到強力譴責。

雖然以自由業、外包合約、日薪合約等投機取巧的方式壓低人事費的行為肆意橫行，但卻完全沒有人想過去限制電視台與製作公司的規定。既沒有懲罰，所有決定權又都交付在資方手上，從一開始就不可能期待他們做出有良心的選擇。製作現場大多數都是簽了承包契約的非正職員工、約聘員工，也難以期待勞資協商。在社會大眾一同站出來之前，改善薪資問題看來是件無比困難的事。

幸好，近來透過電視業工會及韓光中心等單位的努力，帶來不少令人高興的好消息。製作《鬼怪》、《陽光先生》的 CJ ENM 連續劇製作公司「Studio Dragon」承諾要提高工作人員的薪水。與現行薪資體系相比，足足調漲了兩倍的金額，讓許多勞工滿懷期待。

不過，這股潮流是否會擴及到所有的連續劇製作現場，還需要觀察。第一點需要擔憂的，是以營柱策略形成巨大收益結構的連續劇製作環境，以及並非如此的連續劇製作環境，可能會產生兩極化的狀態。「Studio Dragon」之所以能做出顧全大局的決定，是因為他們是投入鉅額資本製作連續劇的公司。因此，不能只有所謂「大賣」的連續劇勞工能獲得改善條件的保證，而是要持續改善，讓所有連續劇製作現場的條件都變好才行。

第二點需要擔心的是，薪資雖然上升了，但這個動作並不會跟著保障我們所擔憂的工時。因為薪資被調漲為兩倍，工作人員們自然會贊成現有的系統並簽下合約。這種自發性的同意，日後若產生殺人工時的問題時，電視台與製作公司就可以狡辯是「工作人員自發性贊成的」，拿到免死金牌。工時及薪資是分開的問題。現在正向的風氣需要我們持續的關心，以讓幕後人員們能夠得到真正的保護。

## 「要不是因為對影劇有熱情，根本就撐不下去。」

最近與業界人士聊天，經常聽到新人數量明顯減少的故事。去做求職網上刊登的某個工讀，都比在這行工作賺更多，也比較不會被殘酷使喚。新人減少的趨勢，怎麼看都是當然的事。薪資與時間是勞動上最重要的因素。至今都是將工作人員的懇切之心作為要脅，讓他們容忍背離常識的低薪勞動剝削。但販賣勞工的夢想與熱情的電視台與製作公司，他們囂張的時間已經沒剩多少了。過去，即使意識到現場的問題所在，也一直都忍耐過來，但自從韓光哥的事件爆發之後，許多人開始認知到，現有的暴行，絕非理所當然的事。內部越來越意識到問題的嚴重，外部沒有新的人力注入，開始了惡性循環。電視台與製作公司得儘早認知到結構性的問題，並開始採取措施才行。

各形各色的人們，帶著各自的夢想進入業界。我們得創造出一個不讓懷抱夢想的人們受到壓榨、帶著傷離開的社會。連續劇終究是得靠人做出來的，離開的人太多，卻沒有新進來的人，這一行裡所有的人，都該意識到這個問題的嚴重性。工作人員要求的，並不是明星演員、編劇等級的薪資，只是要個正當待遇，以及應有的尊重而已。要達成他們的要求，一點也不難。預算有幾十億、幾百億，有人獲得一集以億為單位的待遇，只要將他們的百分之一分配給身處同一空間的勞工就行了。

看到電視台與製作公司以商品券代替現金支付薪資的行為，看來工作現場的財務問題不是一朝一夕就能解決。不擇手段的資方，費盡心思，不惜規避法令，也要減少薪資支出。因此，應該要設置體系健全的制度，讓投機取巧的方法無所遁形，並嚴懲違法業者。而當不公平的待遇發生時，我們應該要團結起來與之對抗。為了確立正當的薪資體制，韓光中心及業界的許多人，接下來會更加提高聲量，繼續採取行動。

# #3 「自由業者」？你也是勞工無誤

有些詞彙看起來十分美好。我個人非常喜歡「慢車[24]」、「旅行者」等等，因為這些詞彙令我感到輕盈，聯想到自由地穿梭在世上的意象，使心靈溫暖柔軟。社會大眾也有偏愛的詞彙，像是「年輕」或「青春」。如同「萬物為碧綠春日」這樣的青春之意，詞彙本身就含有正面意義，也經常被用在好的文章中。

然而，這些詞彙並非只使用在好的意義上，也可能含有負面意義，有時甚至有意義被扭曲或被惡意使用的情況。從首爾搭乘無窮花號南下釜山時，光是想到「慢車」這個詞的意義都覺得累。不僅如此，「旅行者」這個詞，也會與「奔波勞碌命」、「不安定」等負面意義聯想在一起。

「年輕」和「青春」若被惡意使用的話，會導致更負面的效果。「熱情Pay[25]」這個詞，就是這麼被創造出來的。對於不夠富裕的青年來說，「年輕」

和「青春」本來彷彿是種特權，卻被老一輩的人假用「熱情」來強加「責任」。擁有更多資本的人們，僅賦予弱勢者如「年輕」及「青春」般模糊且象徵性的地位。「因為痛，所以才叫青春。」這句話的流行，就是個最具代表性的例子。如今，弱勢的年輕人們，漸漸也看透了這隱藏於其中的欺瞞。網路上，許多老一輩的人們，總是喜歡用「去努力吧」這樣的建議來騙人，假借「know-how」來灌輸年輕人，負面地扭曲了「青春」這個詞。就算看起來再怎麼好的詞彙，也會依誰使用、如何使用，而產生不同的結果。

## 自由業者

所謂自雇者、在家接案，不少上班族都曾嚮往過這種工作型態。想工作的

24 譯按：與急行列車相對的普通車。

25 譯按：指低薪資的勞動榨取。

時候就工作，能夠自由地選擇自己施展力量的地方，可說是相當浪漫的工作方式。「自由業者」在電視圈已經存在很久了。對韓國社會大眾來說，電視圈內存在許多自由業者的情況，是從原本屬於電視台員工的主播們發表轉型為自由業者的宣言後，才開始廣為人知的。

個人活動遭其任職的電視台限制，得聽令上級指示，收入也有限，對此懷有負面意見的主播們，紛紛轉型成為自由業者。此後，大眾對於自由業者烙下了這種印象：自由來去各電視台，能力受到多少肯定，就能做多少工作。

近來，越來越多被定義為自由業者的人，出現在電視圈、演藝界中。經常上綜藝節目的作家柳時敏[26]就是一位代表性人物，他在上JTBC《舌戰》的同時，也活躍於tvN的《懂也沒用的神秘雜學詞典》。此外，全炫茂[27]、徐章煇[28]也是轉型成功的電視人，電視圈裡，有許多像他們一樣的自由業者。

提出這些案例，是為了對照連續劇和其他電視節目之間的差異。影劇工作人員大多數簽的是自由業者契約，實際上也被稱為自由業者。不過，仔細觀察他們的僱用機制及勞動系統，就會發現，他們和前面提到的主播或電視人完全不同，雖然都被稱為自由業者，但本質上差距極大。

## 「你不是勞工。」

在韓國，沒有定義自由業者的法律。電視台和製作公司與連續劇工作人員簽自由業者合約，最大原因是想迴避資方必須負擔的法律責任。

因為，自由業者不適用於勞動基準法，所以事實上並沒有工時限制。資方即使強行要求工作人員每週一百二十小時的勞動，也能抬頭挺胸地說這過程中自己沒有錯，因為他們不是勞工，而是自由業者。甚至連以「與負責ＰＤ不合」等主觀性的理由解約，都是有可能的，被濫用的案例漸漸增加。自由業者型態的契約，在連續劇製作現場中，給資方帶來便利，使自由業者契約的應用漸漸被擴大，工作者們不得不簽下自由業者合約。

---

26 柳時敏：擁有作家、大學教授、學生運動發起人等多重身分，二〇〇〇年開始活躍於韓國政界，曾擔任國會議員及政府部門首長，二〇一六年起，轉型為談話類綜藝節目藝人。

27 全炫茂：報社記者、新聞主播出身，二〇一二年轉型為藝人，主持許多知識型、談話類綜藝節目，包括《週三美食匯》、《全知干預視角》、《社長的耳朵是驢耳朵》等。

28 徐章煇：韓國職籃選手出身，二〇一三年因傷退役，轉型為藝人，主持多部綜藝節目，包括《認識的哥哥》、《我家的熊孩子》、《同床異夢２—你是我的命運》等，也時常擔任其他談話節目來賓。

其實，在製作現場的問題付諸公論以前，就有許多工作者覺得殺人般的工作日程很奇怪了。但他們也漸漸像是理所當然般地接受了現實。因為在「自由業者」的框架下受到了極大限制，難以去說勞動如何如何、薪資如何如何。如果問他們：「這不是應該向勞動部舉發嗎？」自然就會聽到：「據說向勞動部舉發也沒用，前輩們已經都試過了。」這樣的回答。製作公司也表示：「你不是勞工。」濫用取巧方式，無視工時規定。於是工作者的想法被定型，認為因為自己是自由業者，所以不管工作多久，都要撐下來。

工作者簽了自由業者合約，就真的可以不把他們視為勞工嗎？仔細了解現況，就會發現絕對不是這樣。用最單純的方式說明勞工與自由業者的差異：勞工就是在有指揮、監督的工作場所中，拿取薪資工作；自由業者則是自主性地工作，並提供成品。在判決中判斷勞動者性質的標準，也著眼於是以「酬勞」為目的，還是「在執行業務的過程中有相當的指揮、監督」。連續劇工作人員比較接近何種性質呢？毫無疑問是更接近勞工。在幕後人員中，並沒有能不受導演命令約束、自主地提供勞務的人。更何況，連續劇製作期間，這些工作者無法兼職其他工作，而且，不論連續劇是成功還是失敗，落在工作人員身上的薪資都是一樣的。顯然，他們就是勞工。

韓光中心參加了「戲劇製作環境改善ＴＦ[29]」，這個小組以影劇幕後工作人員的勞動情況為議題，要求勞動部特別勞務監督進行現場調查。調查結果在二〇一八年九月發表，認定絕大多數影劇工作者為勞工，這是個好消息，振奮了努力許久的我們。在此之前不過半年，代表連續劇製作公司的協會關係人士，還經常理直氣壯地表示：「因為工作人員不被認定為勞工，所以資方在法律上沒有問題。」與當時相比，這個消息真是天翻地覆。接著，編劇、演員等各種從業人員們被認定為勞工的判決也出爐了。

回首過去，數十年間不被認定為勞工的歷史，整個都是反常的。被自由業者這個虛有其表的詞所扭曲的事實，現在只是好不容易回到正常而已。

不過，這次勞動部的判決中，並不認可簽訂外包合約的燈光指導、音響指導、美術指導等各組組長的勞動者性質，從這點來看還是有限制在。因為各組組長與電視台與製作公司被擺在甲方關係中，所以只能「勉為其難」地簽下外

29　ＴＦ：Task force的縮寫，意指專案小組或特別小組。

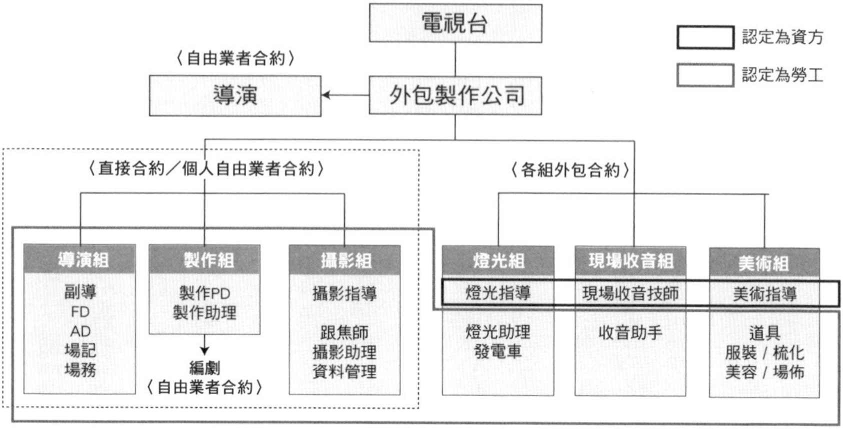


即使同為勞工，也有不被認定為勞工者的勞動部判決

包合約。但若簽下外包合約，各組指導瞬間就脫離勞工身份，變成僱用自己組員的資方了。

比方說，攝影指導與燈光指導相互配合，進行相似的勞動，一同參與製作，但因簽約方式不同，攝影指導被認定為勞工，燈光指導卻不是。然而，就算是簽外包合約的組長，也還是一樣不能不遵守導演的命令，或選擇性地提供勞務成果。因為外包合約這種不得已的型態，所以他們才僱用助理，但勞動部卻將他們認定為資方而非勞方。正當的勞動者性質未被認定，工作者們超時勞動、低薪資等違反勞動基準法的情況，一旦涉及責任歸屬，矛頭就不會向著電視台，而是向著所屬各組的組長而去了。

即使同樣是指導階級，但一位是勞工、一位卻是自由業者的奇怪情況正在上演。這裡再次確認到了外包合約的可怕之處。

## 「你是勞工沒錯。」

電視台與製作公司反而透過這次的判決安心了下來，因為僅限簽了外包合約的組別，他們還是不需負擔太多資方的責任。如前所述，勞動部對電視劇工作人員的勞動特性判斷，並不是完美的。就和「只吃第一口不會飽」這句話一樣，目標無法一次就達成，但對過去被當成是自由業者，被推到懸崖上的許多勞動者們來說，光是能夠傳達這個好消息給他們，就是件值得高興的事了。

這個結果，大概可以成為影劇工作環境改善的重要轉折之一，必須讓所有的從業人員知道。昔日，應有權益受到侵害的人們，我想堂堂正正地對他們說出這句話：「你是勞工沒錯。」

# #4 危險的拍攝現場——安全問題的死角

「真令人不寒而慄。」

「比起人，他們更重視錢。」

當時的心情難以言喻，未來還會再發生這麼恐怖的事情嗎？讓我們回到悲劇發生的那一天吧。

在tvN連續劇《花遊記》的拍攝過程中，有一名工作人員，在沒有安全裝備的情況下，爬上片場的天花板裝設吊燈，結果不慎失足墜落，身受重傷。諷刺的是，CJ ENM對韓光哥之死向家屬及對策委員會正式道歉，表示將改善連續劇製作環境，訂定為期六個月的檢驗期限，就是在這個期限快結束時出了事。為什麼偏偏是在這時發生意外呢？

從事對策委員會的工作，我心裡的期望是，願拍攝連續劇的任何人，都再也不要因為工作環境的問題而受傷或死亡。希望我們家的悲劇不會再發生到其他人身上，所以我接受了再也不想見到面的 CJ ENM 的道歉，並執行起防止再次發生意外的協議。說好要檢驗預防對策、約定好的半年時光過去時，令人難以置信的消息，又再次從 CJ ENM 的連續劇工作現場傳來。

「為何如此令人頭皮發麻呢？」

我心裡一直很掙扎。

在對策委員會與 CJ ENM 交涉的過程中，等於是我一直要面對這些造成我哥哥死亡的人，和他們對話時，腦中浮現無數煩惱「我是以什麼資格和這些人展開協商呢？」「能讓支持我們的眾多電視幕後人員滿意嗎？」「協商的結果真的是哥哥所希望的嗎？」

一番苦思後，我決定信任電視台。

說實話，與其說信任，不如說是必須得去信任。我們想給相信並支持我們的幕後人員及社會大眾希望。他們支持我們，是因為他們比誰都更迫切地希望工作現場環境得以改善。

雖然幕後人員長期受到的傷痛依舊，但仍然想讓大家團結起來，推倒高牆、創造重視勞權的工作環境。我相信這麼做可以製作出更好的連續劇。為了將協商的壓迫感轉換為期待，需要有明確的成果，就只能信任電視台了，電視台管理者也是生活在同一領域的人，所以我以為會有身為人類的最後良心。

就這樣，我與 CJ ENM 這個巨大的企業進行了協商。不過，對我道歉並握著我的手的人們，又再次讓其他家庭陷入可怕的記憶中。他們的約定只不過是一張紙，支持我們的幕後人員們，依舊得在地獄般的空間中苦撐下去。「因為我的疲憊與害怕，得到許多人的支持才有的成果，可能會就此提早結束也說不定。」「別說我讓他們產生警惕了，說不定其實是給了他們免死金牌。」等懷疑在腦中揮之不去。聽到意外發生消息的當天，那完全無法清醒過來的情緒低潮，至今都難以忘懷。

不只《花遊記》，《李屍朝鮮》、《雖然 30 但仍 17》、《阿斯達年代記》等劇組，也傳來意外消息。雖然發生原因各不相同，但確定的是，影劇工作現場至今仍是不安全的。現場工作人員還是在各種意外的威脅中，不安地持續拍攝。片場依舊沒有像樣的環境，安全裝備仍不完善。

應對酷暑、酷寒的拍攝指南並不存在，如今的工作現場仍嚴重缺乏安全意識，工作者們都是勉強硬撐著。讓我們透過下面幾個故事，回顧一下工作現場的安全問題吧。為了幕後人員的安全，希望您務必要閱讀本章。

## 「我真的很討厭拍車景。」

行駛中的車景，是連續劇常見的戲碼。許多觀眾都很好奇，車景究竟是怎麼拍的。關於這個問題，工作人員回答得很決絕：「帶著會死的覺悟拍的。」

「世界上最討厭的東西就是拖吊車了，要拍車景，就得出動拖吊車。去年冬天我拍了一場車景，那天氣溫零下十五度，一整天，從頭到尾都在○○高速公路上奔馳，就算戴手套也沒有用。沒騙你，冷到真的很想把手指給剁了。」

拍車景，動用拖吊車，除了東歐某些國家之外，我還沒聽過其他國家也這樣做。話說回來，東歐那邊使用拖吊車拍攝的方式，也比韓國安全許多，他們多半不會直接站在車上拍，如果非得要上去，就會花兩個小時的時間來裝設及穿戴車上與工作人員的安全裝備。若在沒有保障安全的情況下強行拍攝，工作人員一定會拒絕，這樣的文化已經在他們的國家中紮根。

使用於車拍的拖吊車（© 한여정）

至於以好萊塢為首的美劇，雖然他們也拍攝大量車景，但全都是在片場中進行，或是用CG處理。因為為了安全著想，他們必須遵守義務事項。加拿大的安大略省，更是進一步制定了《攝影機車輛、合成式拖車（Process trailer）及拖吊車產業安全指南》，站在地方政府的立場上規範安全措施，即使是微小的危險都要預防。在韓國的電影產業中，動員拖吊車的情況已大幅減少，但連續劇工作現場中，拖吊車依舊公然地佔有一席之地。

因為沒有制定安全相關的基本防範措施，所以工作人員都暴露在極其危險的情況下。這是某個拍攝現場的故事：一名燈光組工作人員為了拍車景，在拖吊車上架燈，演員忽略了要拉起汽車的手煞車，就開始拍了，在平地行駛時並未發現異狀，直到拖吊車拖著汽車行駛至下坡路段的瞬間，意外發生了。汽車往工作人員滑行過去，若工作人員放開燈光器材，就會摔落車外，再加上拖吊車地板上沒有可以讓腳移動的空間，所以他動彈不得。結果汽車輪胎壓過工作人員的腳，翻落到山丘下，無法移動而遭汽車輾過的工作人員，立刻被送到急診室急救。

近來，我們也收到關於武術組的舉報，說他們在沒有安全措施的情況下，被迫爬到十幾樓高的公寓外進行拍攝。不安地看著工作人員的舉報內容，想像著爬到高處的當事人該有多害怕，真的十分危險。

即使事故層出不窮，工作現場仍嚴重缺乏安全意識。還是有許多人扛著巨大的機器超時勞動，驚險萬分地與死亡搏鬥。

「就算是這樣，機器可是比你還貴的傢伙，所以，如果發生意外，你就算會受傷，也絕對不可以放開機器。」

連這種沒人性的玩笑話都變得習以為常，這就是今日的拍攝現場。

**「又不是我想受傷才受傷的。」**

「發生嚴重意外，卻把錯推給我們，連合理的賠償都無法要求。」

皮開肉綻的工作人員，在急診室縫合傷口後，馬上又回到現場。工作人員受傷了，卻沒人在意，上面只說了「找人代班吧」這樣的話。

工作人員喃喃自語：「又不是我想受傷才受傷的。」在瘋狂追趕進度的拍攝現場，人只是道具。若因受傷而喪失執行工作的能力，就會像消耗品一樣被替換掉。因為怕造成其他人的困擾，所以忍痛繼續工作，是家常便飯。在工作特性上，拍攝現場是受傷風險極高的地方，有許多又重又大的道具，尤其是要操作使用電力的燈光器材，燙傷的風險也高。於是，受傷的人雖然多，但受傷了卻無法說出口的情況持續著。他們把安全放在後頭，只因為得讓連續劇順利播出。

而且，就算說出自己受傷，問題也不會解決。在承包契約、外包合約、自由業者合約橫行的現場，勞工們要正常地加入四大保險[30]難如登天，產災保險等保障安全的制度也並不確實。模稜兩可、怎麼解釋都可以的曖昧制度，只會持續讓電視台與製作公司用投機取巧的方式，無視安全措施。結果，在拍攝中受傷後，也只會回歸到個人的責任。這使得最基層的工作人員被逼入不能受傷，就算受傷也不能說的安全死角地帶。到這現在的這一秒為止，我們還是只有祈禱意外不要發生這個辦法而已。

---

30　韓國的四大保險，係指：國民健康保險、產災保險（工傷）、僱用保險、國民年金（養老保險）。

## 「想快點結束然後回家。」

長工時問題，在各個層面上，威脅著拍攝現場的安全。在持續好幾天單日二十小時的勞動之後，工作人員全都進入「溶接」狀態，腦中除了「快點結束吧」以外，別無他想。若要花心思注意安全，拍攝時間又會更加延後，所以變成沒人在乎受傷的風險。即使要用危險的器材拍攝，或是爬到高處，大家也只是一邊想著「比起害怕，更想要快點回家」一邊進行拍攝。

「拍到凌晨四點，然後說七點前要到達〇〇。我們這組沒有司機欸，況且，就算是凌晨時段，從〇〇要開到〇〇至少也要兩個小時，於是，因為疲勞駕駛，發生了很嚴重的事故。」

——技術組D

疲勞駕駛等可怕的危險、現場發生的意外，以及殺人般的工時，一直伴隨著工作人員。散落在韓國各地的影劇拍攝工作現場，都是由工作人員直接開車至拍攝地點。長時間勞動又凌晨開車，使人睏到打了個小盹，結果開錯路，這種小插曲已是基本配備。我永遠忘不了在國會討論會上提到的一位工作人員的舉發：若因疲勞駕駛而引發意外，只有自己會受到傷害，所以即使在嚴冬中，他也得搖下全部車窗開車才行。

## 「不是工作指示，是告知。」

再回到《花遊記》拍攝的故事。起始於該劇組對摔落意外毫無防備的片場狀態、殺人般的長工時，以及合約內容中沒有提到的強人所難的工作要求。

「人踩上去就會倒的話，根本就不安全。」

製作公司聲稱片場很安全，幸好勞動監督官態度堅決。其實，根本用不著專家來評鑑，就算是一般人看到那種現場，都會覺得很危險。片場處處都是木材、合板、油漆等易燃物，電線亂七八糟四散一地。內部移動通道非常複雜且狹小，照明嚴重不足，難以確認緊急逃生出口位置。沒發生火災意外，就已經要覺得萬幸了。

為了節省人事費用而減少人力，使得片場安全問題疏於控管。為了趕拍進度，完全罔顧安全預防教育或安全措施的義務。因為長時間的勞動，導致現場的所有人都無法健全地執行業務。

「不是『指示』去裝設吊燈，而只是『告知』而已。」

聽到管理者對意外的回答，我假笑出來。為了連續劇佈景而被命令去片場裝設某物，當收到這種「告知」時，真有能說出很危險並果斷拒絕的人嗎？在「叫你裝就裝」的師徒制度、金字塔式的工作結構中，聽到需要吊燈時，工作人員就一定得在「告知」的時間前裝好。分明就是指示隨之而來的責任。但《花遊記》片場及所有相關管理者，都忙著迴避這個責任。電視台、製作公司、片場製作公司及美術公司都是。今日的拍攝現場，是個即使有人受傷了，任何人都不需要負責任的空間。他們說重視安全的態度不值錢，所以不知不覺間就把它擺到後頭了。

甚至，在意外發生後，也沒有制定現場的安全處置措施。只修補了崩塌下來的天花板，其他部分的天花板依舊岌岌可危。別說補強片場結構了，連看起來危險的部分都只是草草修補了事，就繼續拍攝。看來，對管理者來說，拍攝進度遠比人命還要來得重要。

處理《花遊記》事件的二〇一八年一月，是最難面對哥哥的時期，一月二十四日還是韓光哥的生日，那時正為了宣傳韓光媒體勞動人權中心的正式啟用而忙碌著。透過《花遊記》事件，我們確認了非常多事情：比起人，電視台與製作公司依舊更重視資本。而以這個調查為契機，不只CJ ENM，所有的連續劇片場都有問題。而原以為半年內就能改善拍攝現場環境的這個純真期待，已被我們拋下了。

從成立對策委員會，到參與戲劇製作環境改善TF，我們重啟舉發中心，聆聽工作者的心聲，訴請特別勞務監督出動，要求政府的回應。根據特別勞務監督發表的結果，認定大多數連續劇工作人員為勞工，並從各方面制定安全指南。

《花遊記》事件，是個既悲慘又令人不寒而慄的回憶，但也是讓我再次覺醒的契機，一起奮鬥的人們也是一樣。雖然有過巨大失望，但很確信往後不會再有同樣的失望。為了改善連續劇產業結構，這場艱困的戰鬥，我們持續努力。至少跟二〇一八年一月相比，我相信現在的工作現場更安全了。往後也會持續變好的。希望未來的影劇工作現場，能成為視人與資本同樣重要的空間。

# #5
## 黑色的影劇世界——「暴力」的壟斷利益集團

「最小的！你是藝人嗎？居然敢一起吃飯？」
「某個丫頭不想混了，居然抓組長的語病！」
「那個工作人員〇〇啊，休息的時候居然睡在床上欸，瘋了嗎？」
「我熬夜的話，你也得熬夜才行。」
「喂，你的傳聞已經傳開了，我會讓你連踏都踏不進業界的。」

我在Kakaotalk上開設了一個「靠北電視圈119」的公開聊天室，目的是為了讓在業界被刁難的人可以匿名提出，我自己也想聽到現場各種聲音，所以參與了對話。

「靠北電視圈 119」反應熱烈，創立沒多久，聊天室成員就已達最大人數上限一千人。訊息數量隨時都是滿滿的「999+」，這股熱潮一直延續到「電視工作人員工會」創立，可見大家對圈內各種刁難情境的積怨有多深。

「有種重新回到部隊的感覺。」

這是韓光哥在生前曾對一位工作人員說過的話，到底現場有多狠毒才會被拿來跟部隊比較啊。哥哥過世後，為了查明死因而打開手機記錄來看。導演組聊天室裡充斥著的謾罵只是冰山一角，手機中留有哥哥與導演組主管的對話錄音檔，導演組主管說出「讓你再也踏不進這個業界」這種話威脅哥哥，接連不斷的高聲喝斥及污辱，足足吼了一個多小時。哥哥只能反覆說著數十次「對不起」。逼著自己聽了兩次之後，我再也沒辦法重聽第三次。暴力字眼一個個太清晰，無法從腦海中抹去。

親身經歷過業界的暴力文化後，在各方面真的產生許多苦惱，但有一位同事說了這樣的話：「你不想在這裡工作了嗎？就當個旁觀者就好，不要太敏感

暴力猖獗的拍攝現場（© 한여정）

全都往心裡去。」

拍攝現場如殺人般的勞動強度，讓工作者們習慣了粗暴且偏激的態度，再加上學徒制文化的影響，使得整個組織變得極為軍事化。在威權導向的職場文化中，勞工的基本人權被侵害，變成一種理所當然。忍受不了這種暴力的人，會被當成脆弱的適應不良者。反而，故意裝得一臉凶神惡煞，一天到晚辱罵同事和下屬的人，會被視為是有能力的。放任「本來就都是這樣」的合理化以及對暴力行徑的麻木，如此不公不義的氛圍，在拍攝現場不斷蔓延。

「我們只是道具而已。」

時代改變了，如今，軍隊的管理，都比拍攝現場還更人性化。雖然韓光哥過世後出現許多反省的聲音，但改變的步伐十分緩慢，到現在都還是會收到許多關於言語暴力的舉報。有人說過：「到了現場，會搞不清楚現在到底是二〇一八年還是一九五〇年。」從位於金字塔頂端的導演開始，每往下一層，就演變為更嚴重的辱罵與刁難，這已經成了連續劇工作現場的日常。製作公司的心態也是個問題，如果有人疲憊不堪了，就會被當成「用過的免洗餐具」一樣丟棄。管理者對工作人員們的認知也到了嚴重偏差的地步，不假思索地就說出「他們處在一個很好的工作環境裡，還可以看到藝人」這種話。對管理者們來說，工作人員不是勞工、也不是同事。因為是自己找上門的，所以只是用力使喚也沒關係的零件罷了。工作人員的處境，有時可能比道具還不如。

甚至，工作現場還存在著「菜鳥就是該死」的惡例。舉例來說，要搬移某些器具時，即使可以一起搬，也一定只會叫菜鳥去搬的潛規則。看韓光哥的記錄發現，在他獨自搬巴士上的行李時，主管級ＰＤ們就只是旁觀閒聊。

我想，這就是為了把哥哥洗腦成奴隸的過程吧。只不過是地位比韓光哥稍微高一點的主管，就會說出「我熬夜的話，你也得熬夜才行」這種話來，即使明明沒事，也會叫屬下待命，或指派完全不相關的工作。受傷住院時，就一定會聽到「想休息才裝病」的指責。拍攝現場發生的各種惡言穢語，和連續劇中的優美台詞完全相反，劇裡的一切美好，竟是用攝影機後面的暴力行為以及百般刁難所堆砌出來的。

被欺壓的一方，想反抗？作夢吧，門都沒有。

「這圈子很小，早上發生的事，下午大家就都知道了。如果我抗議了，馬上就會有人打電話來，『喂，聽說你出來抗爭啊？』這很可怕，如果被貼上標籤，一次就完了。『聽說那個誰很難搞欸』一旦傳出來，就會被排擠了。」

在以人脈及學徒制運作的業界中，只要被貼一次標籤，就幾乎不可能活下去。聽到「我認識○○ PD，你以為下次你還做得了這個工作嗎？」這種話後，還來不及分辨真偽，就會先受到極大的心理壓力。因此，所有人都閉上了嘴。哥哥的事件引發廣大的關注，雖然是個轉機，好像有很多人開始願意站出來說話了，但實際的工作現場，還是沒有人敢出聲反抗。

韓光中心做了「媒體申冤鼓」，提供匿名舉發管道，但風險還是很大。例如某劇遭到舉報，說勞動時間過長，中心做了應對處理，但製作公司也查出了舉發者的真實身分。如今，許多管理者也經常會挖苦、挑釁說：「不爽啊，去跟韓光中心舉發試試看啊？」一般劇組成員了不起一百多人，要查出是誰去舉報，很容易。甚至，都不用花力氣去揪出舉報者，只要對所有的人都心存懷疑，整個劇組的壓力就會大到令人喘不過氣。因此，多數人還是會告訴自己，「再撐幾個禮拜就結束了」。

「在忙碌的一天結束後，喝杯酒。把自己獨處的時間當成禮物，送給辛苦一整天的自己，並對自己說『明天也加油』！」

這是tvN連續劇《獨酒男女》（導演：崔奎植、鄭亨健／編劇：明秀賢、白善宇、崔寶琳）的台詞。在最後一場戲裡，傳達給觀眾充滿撫慰的台詞，這也是《獨酒男女》受到許多人喜愛的原因。但這每集都尊重人、安慰人的連續劇，其實是在不尊重任何人的工作現場中做出來的，且不是只有《獨酒男女》這樣而已。觀眾要到什麼才會發現劇裡劇外的反差呢。

好希望有一整個禮拜都沒有任何舉發進到韓光中心啊。若說連續劇讓我們能擁抱感動與美麗，那麼也要讓製作連續劇的人們能一同感動啊，照現在這樣下去，製作連續劇的人們，只會受傷害並且離開，我覺得觀眾們也該知道這些負面的消息才行。

雖然重複了很多遍，但我還是想要再三強調。攝影機後的人們，需要受到尊重。他們不是道具，他們是如同自己製作的連續劇般美麗、有資格獲得安慰的人們。希望業界所有人都能牢牢記住這點。

在攝影機後面工作的，都是活生生的人啊。

# #6 強迫絕對服從的「學徒文化」

二〇一九年年初，體育界頻傳的性暴力事件[31]，成了社會焦點。二〇一八年，在「me too」運動的浪潮中，揭發的多數為藝術、表演、娛樂界及媒體業界。好幾年前，有知名服裝設計師因涉嫌毆打員工和工讀生而受到指責。這些業界的共通點，就是環境沒有逐步改善，傷口不斷化膿再化膿，到最後才爆發出來，還有一點，就是「學徒文化」。

會對暴力沉默，許多情況是因為有權力關係。視暴力為理所當然，有各種理由，但絕對少不了強化權力關係的「學徒文化」。為了入選國家代表隊、為了得到更好的演出機會、為了出道得證明自己曾在知名設計師底下工作過……學徒文化被容忍，各種暴力大量產生。

影劇圈也是一樣。並沒有正式教育工作內容的機構，只有進到某人手下工作學習才能生存下來。這個業界是韓國社會中學徒文化最蓬勃處之一。上一章節中，我們看到了影劇圈的暴力問題。影劇圈的暴力文化與學徒文化是不可分離的。反而是為了明確揭發暴力原因，有必要透過學徒文化這個放大鏡檢視連續劇工作現場。

我高中時，最紅的電影就是《老千》了。老社區電影院沒有好好執行分級制，將十八禁的票賣給高中生，因此大家都看了這部電影。下課時間，教室裡人人都在「出老千」，我也跟大家一樣，整天捏著二十張花牌不放。

故事從主角（高尼）及師父（平京長）的徒弟關係出發。簡單講，就是一個大半輩子都在賭局最底層打滾的人，在幸運遇到一位好師父之後，終於爬到至尊之位的故事。雖然這是個虛構故事，但一想到主角的人生逆轉，僅因「有幸遇上一位好師父」，便有了很不公平的深刻印象。

那是個對「學校老師」不太信任的時期，我並不是個不誠實、特別叛逆的孩子，但平時就像大家一樣，在學校裡受到老師們無數次的不合理對待，甚至

---

31 編按：二〇一九年一月，韓國接連報出多起女性運動員遭教練暴力毆打性侵的案件，促使韓國國家人權委員會成立特別部門，針對五十個體育項目進行為期一年的深入調查。

遭受人格侮辱。如果當時哪一位老師要以學徒制的方式來教導我，我應該會設法逃走吧。

不過，若是厲害的師父，對弟子來說可能會有著極大幫助。但社會整體是根據既定系統在運作的，若只依靠權力集中的某個個人，究竟能不能說是正常的呢？一個有權重建體制、重塑行業文化的師父，若是惡人的話，那麼該領域中將量產出無數的被害者，同時，這個領域會一直崩壞下去。就算不提到真實姓名，在「me too」運動的過程中，也能看出藝術界或時尚界的學徒文化造成了多少人受害。況且，所謂的師父們所帶領出來的學徒文化，除了一再強調「人品」（奴性）以外，通常是沒什麼專業含金量的。

本來，「學徒」指的是在師父底下工作的人們，以漫畫業界而言，就是老師的「助手」們。連續劇的專業製作技能，已經延續數十年了，但其中的相關技術，依舊是由人傳授給人。懷抱影劇幕後製作夢想的人們，為了能在現場工作，只能進入已有一席之地的指導級工作人員底下做事，在工作中學習，除此之外別無他法。

當然，真正的「學徒制」還是有很多優點。不過如今的影劇工作現場，只是強迫絕對服從的假學徒制而已，完全沒有達到「學習」的效果，所以才會產生問題。就有人感嘆說，若是影劇業界有正規完善的教育制度就好了。

因學徒文化而發生的主要問題，是位階的鞏固。工作現場，可說是師父階級的導演擁有著無所不能的權力。為了配合緊湊日程做出連續劇，所有權力都集中在導演身上，再加上契約的關係，必須得服從導演的指示及命令。甚至還養成了軍隊式的領導者文化。導演與工作人員之間不只形成了甲方乙方關係，工作現場整體更以導演為首領，發展成一個軍事組織般的結構。舉例來說，美術組工作人員只聽從美術指導的指示、只圓滿執行美術組的工作是不夠的。導演組等其他組別的老鳥會說「我輩份比你高」、「我比你先進來」來塑造位階，並下達不必要的工作指示。清理垃圾桶或準備導演組高層們的咖啡，這些工作自然變成菜鳥們該做的。軍隊式組織文化和影劇工作現場的學徒文化不當地結合後，讓導演組和工作人員、組別和組別之間的軍隊式領導者文化定型下來。

本來就已經缺乏工作制度了，再加上人人都想以老鳥自居，令工作者的壓力及工作超載程度變得更加嚴重。這種文化，會讓人不尊重別人，只想以把人貶低到下層的方式處理工作。

「大家都因交情而牽扯在一起，所以有些無可奈何的地方。『你怎麼做，風聲都會在這個業界傳開來』，這種話太常見了。」

「位在底層的人，如果有機會突破，爬到上層階級的位子，就能改善現今錯誤的文化。但沒辦法這樣啊，今日學徒系統持續存在的問題，就是無論個人再怎麼努力，也沒機會升遷。」

業界本身就已經很小，再加上根深蒂固的學徒制、軍隊式文化，連改善結構的可能性都被阻斷了。在學徒系統中，學徒要反抗師父？那就跟宣布要離開業界沒什麼分別。一旦封閉性的位階被強化，整個工作環境只會變得更不尊重人而已。

暴力是學徒文化最大的問題，不僅工作者受到虐待，也連帶影響了連續劇製作系統整體的落後。無論是導演、燈光、現場收音還是美術，都沒有學校對影劇製作必備的某項技術進行教育。現今檯面上的所有從業人員，都不是由教育機構養成，而是進到工作現場，邊做邊學的。而身為師父的人們，也沒有正式地學習過技術，所以在教育後輩上也遇到困難。

試想，似懂非懂地邊學邊做，成果的品質可信賴嗎？一旦學徒出了錯，師父肯定開罵，如此惡性循環，業界要如何才能建立起完整的制度、教育訓練及良好的工作環境？

「ＦＤ負責的是跟導演組比較相關的工作，ＡＤ負責雜務，這樣來分就可以了，但其實都是菜鳥啦。」

在一本採訪七位成功連續劇導播的書當中，一位ＰＤ坦承，過去，身為某劇導演組一員的他，沒有在團隊中扮演好正確的角色，因此感到十分遺憾。這實在是令人感到汗顏，韓國連續劇暢銷全球，表面上看來如此先進，幕後工作環境卻是連職權劃分都不清楚，不只是副導播，即使是ＦＤ、ＡＤ等擁有明確頭銜、字面上看來是具備某種專業技能的職位，在不同的劇組裡，都還會負責到完全不一樣的工作內容。

就目前的處境而言，我們很難期待影劇工作現場能有健全的工作體系。不明確的分工，導致工作效率極低。特別是在那種「每日更新劇本」的製作現場當中，事倍功半幾乎是常態。如果導演的能力或人品有問題，那情況就會變得更慘。韓光哥擔任《獨酒男女》副導時，負責的事情多得驚人：除了要準備服裝、道具、伙食之外，還要負責資料傳輸、整理拍攝現場、蒐集整理發票及結帳、剪接等等。《獨酒男女》製作團隊的分工混亂，於是，位居底層的副導，只得千方百計地奔波。如今的連續劇製作現場，沒有依據專業的「法治」，只有依循導演的「人治」，如果導演很爛，工作體系必然會更加糟糕，團隊中的工作者們，就會在一片混亂中不斷彌補各種失誤。

這種情況大概還會維持很長一段時間吧，在惡劣的學徒制文化中，工作者們無法養成專業能力，只有「討好上級」和「硬撐下去」這兩種升遷管道，在如此封閉的系統中，何時能改善，看來遙遙無期。

可惜的是，在指責學徒制文化問題時，身為外界人士的我，有著很大的侷限。勞動時間、薪水問題能透過制度改善，暴力事件也能透過舉發來處理。唯有學徒制文化，這是個根本性的結構問題，外界難以直接提出解套方式。

然而，解答就在工作現場中。由暴力建立起來的學徒制文化，得從指導級的人士開始果斷地斷絕。還得將經驗豐富的優秀人們聚集起來，將連續劇製作相關的教育系統化。電視台與製作公司的角色也很重要。為了讓連續劇製作的品質更上一層樓，得要建立專業系統。希望想製作出厲害連續劇的人們，不要再因為不專業的低級失誤而受傷離去。韓國是先進國家，就該要有先進國家的樣子。希望現場的所有人都能夠一起努力，讓席捲世界的韓流連續劇，能從製作系統開始變得光明磊落。

# #7 假「藝術」之名，行「壓榨」之實

對我來說，與製作公司總監會面，很令人膽顫心驚。我去見他們，只會有一種情況，就是為了處理舉報事件而與之坐上談判桌。這次遭到舉報的某個劇組，每週拍攝工作超過一百個小時，已持續三週。禮貌問候對方之後，我就直說了：「這部連續劇集結了明星PD、明星作家、知名演員，卻讓人工作這麼長時間，妥當嗎？」

這不是第一次處理舉報事件了，雙方都好像有說明書一樣，按照標準程序般一來一往地交涉著。我這次提出的對應方案，也不是第一次拿出來了，其中一項是：要求增設支援導演組的B組。但意外地，總監表示為難。過去發生類似事件時，製作公司很快就會答應增設B組，但這次總監卻無法同意。原來，他之前就已向這部戲的導演提出要建立B組，但這位A導演認為，這樣就

像是把自己的「藝術作品」交給他人一樣，基於自尊，A導演無法接受。我瞬間大怒。你要自尊，其他的工作者就不是人嗎？假借「創意」、「藝術」之名，行折磨虐待工作人員之實，實在是醜化了這兩個詞，令人聞之生厭。

A導演的上一部作品，題材是充滿競爭的社會現況，主角們無法擁有完整而美好的青春歲月，故事內容大談「撫慰」與「尊重」，播出後大獲成功。這真是極其矛盾，充滿諷刺。他的劇組工作現場，完全沒有「撫慰」與「尊重」，工作者們都被當成道具對待，真的很難想像他們在工作現場是怎樣的感受。A導演每一部作品的每一組工作者，都有著非常嚴重的超時勞動問題。

「在成長為一個導演的過程中，從未想過自己的管理責任。」

許多導演和製作人都會以創作為名、以藝術家自居，然後無視幕後人員的勞動權益。

我認為，連續劇導演和如梵谷般獨自創作的畫家完全是兩回事。導演和製作人都應該是組織的管理者及使用者，必須對數十名甚至超過百名的勞動者負責。缺乏這樣的認知時，就會像A導演一樣，持續在工作現場引發各種問題。

## 「激烈的戰鬥」

幕後人員最害怕的其中一件事，就是腳本上無限增生的表演指示短句。因為PD會一直加、一直改，讓所有人疲於奔命，搞得半死不活。

「在做歷史劇的時候，腳本上寫著『激烈的戰鬥』。一看到這五個字，就會想說：『唉，今天又要拍到天亮了。』」

PD認為創意難以名狀，所以事前不做準備，也不和任何人交代，到了現場，才開始反反覆覆，讓眾多幕後人員如無頭蒼蠅般東改西補，這種情況屢見不鮮。在PD腦中「激烈的戰鬥」場面完成之前，大家都無法下班。但理想中的「激烈的戰鬥」到底是什麼，只存在於身為藝術家的PD腦中，怪不

拍攝古裝劇戰鬥場景中的模樣（© 한여정）

得工作人員們都恨不得能進到ＰＤ的腦子裡去。

連續劇是文化產業。做出有創意的藝術作品，當然是連續劇製作的重要目標。實際上，具創意性的作品也會帶來韓流熱潮。不過問題是，若過度偏重文化、藝術、創意的話，幕後人員的勞權就很可能被忽略。連續劇不是單純的藝術作品，是幕後人員不分寒暑都得流著血汗提供勞動所產出的成品。希望韓國所有的ＰＤ們在製作戲劇時，絕對不要忘記這個事實。

## 你是搞藝術的人

「藝術」這個詞之所以有問題，就是因為管理者（導演）扭曲的認知而發生的。也有在各個幕後人員身上貼標籤，使勞動條件更加惡化的情況。當然，這不只是發生在連續劇拍攝現場，其他文化相關產業也有諸多類似情況。

在整個文化產業中，「藝術」與「勞動」一直存有危險的關係。藝術家在創作過程中得到了快樂與成就，藝術創作是創造象徵性價值的工作，因此，從社會大眾的觀點來看，會認為藝術創作與一般勞動不同，文創作品也被視為與製造業不同。在這種認知下，從事藝術創作者，錢賺得稍微少一些，自然會被容忍。受到資本主義的影響，藝術總是被認定為不食人間煙火。

「搞創作的人，得更加自由且貧窮才行。」

需要龐大規模專業能力及勞動力的影劇產業，藝術與勞動之間的關係更為險峻。在劇組工作現場，能以自由意志進行創作的人，除了導演之外，沒有別人了，但幕後人員卻被當成所謂的「藝術家」來對待。管理者不會為幕後人員著想，只會理所當然地要求他們拿出熱情來提供勞務。甚至，某電視台高階主管還曾經對工作人員說：「搞創作的人，得更加自由且貧窮才行。」這真是極度的無知。幕後人員長時間被當成自由業者，不被認為是勞工，同樣也是源自於藝術與勞動之間的矛盾。

當然，連從事文化產業者本身，都經常會苦惱自己到底是屬於「藝術」還是「勞動」。在創作過程中產生的藝術價值，有需要受到特別的對待，因此他們也自行與勞動保持距離。文化產業中進行的勞動，明顯有許多特殊性。因為這種特殊性，在英國，文化產業勞動被規定為與其他產業不同的「文化勞動」，花了很長時間找尋其特性及癥結。後來再次確認，在文化勞動中，雖然明顯存在有創作的特殊性，但創作行為與勞動行為是絕對不可分離的。

製作連續劇的人們會被認定為藝術家，但同時也是勞工。在蠶食了巨大資本的連續劇工作現場中，沒有完全的藝術家。不能將他們從勞動中分離出來，應該要認同他們工作的特性，找到新的方式保障勞權才對。因為現場的情況太過嚴重，所以沒有時間思考勞動與藝術間的關係。幸好勞動部透過特別勞務監督官，認可了幕後人員身為勞工的特性。電視工作人員在法律上確實被認定為勞工，因此，現在也是時候得到「創作的勞工」的特殊權利保障了。為了讓他們能繼續創作厲害的作品，我期盼著他們能被視為勞工並獲得尊重的那天。

# #8 對「女性」更加殘忍的拍攝現場

「腿很粗，去減肥，反省一下好嗎。」

L進入劇組工作沒多久，就已徹底領悟到不同階級的處境是怎麼回事，越低階的人，要承受的壓榨及人格侮辱就越強。最低階級就是被稱為「菜鳥」的底層工作人員。此外，還有個和「菜鳥」一樣低階但處境更艱難的角色，那就是「女性」。L既是菜鳥，也是女性。

厭惡總是會往低處流動。L位於劇組最低處，忍受厭惡竟成了她的工作。這個工作環境非常惡劣，性別歧視、性暴力等問題十分嚴重，承受超時勞動與暴力文化的幕後人員們，非但沒有對與自己處境相同的女性拿出同理心，反而還以「紓壓」為由，對L做出更惡劣、殘忍的事。無法向上抵抗，厭惡不斷向下蔓延，促使L產生這種想法：「影劇拍攝現場，就是凌虐女性的現場。」

無論是《獨酒男女》對策委員會、戲劇製作環境改善TF還是韓光中心，我們收到的性騷擾、性暴力相關舉發，不曾間斷過。劇組現場總是充滿無數的外貌批評和黃腔。男性會將女性的外貌排名，會騷擾像L這樣的年輕女性。這種性騷擾不分場合，哪裡都會發生，即使是在公開的正式會議中，性騷擾也肆無忌憚地發生著。與藝人一同工作的拍攝現場，男性會拿女性的外貌和女演員比較，挑撥地說著「人家長這樣，為什麼妳長那樣啊」；採用新進人員時，說出「因為是女生，只要漂亮就好，還要看什麼啊」之類的話，再自然不過。這就是影劇幕後的世界。男性幕後人員自己的人格都已經被踐踏得體無完膚，僅存的少數閒暇時間，竟然還拿來羞辱女性同事的外貌、對女性同事性騷擾，實在是有夠悲哀。

女性工作人員正暴露在性暴力的威脅中。有個案例是，一位男性導演在與新人女性編劇開會時，突然關掉燈，握住她的手，說了許多不堪入耳的話。

「（邊握住手）牽個手也算性騷擾？」

「（對女性老菜鳥說）一個月給妳幾萬塊，我們交往吧。」

「有男朋友嗎？不是處女了吧？」

「想跟妳睡。」

「要不是她已經結婚的話，我早就〇〇了。」

這些例子，已不僅是單純的羞辱，更暗示了具體的身體接觸及暴力。相當多的女性在承受這些令人不快的黃腔，甚至已承受了肢體上的性暴力威脅。

「因為是女生所以得這樣做才行。因為是女生才有問題。」

拍攝現場不斷地將女性當作玩弄的對象，充滿暴力，在工作上更是對女性有著各種歧視。「因為是女生」、「反正是女生」等歧視的話語背後，窩藏著的是厭惡女性的認知。「因為是女生，所以在聚餐中就得倒酒」這種迂腐的歧視，依舊明目張膽地發生。女性因長時間拍攝而露出精疲力盡的神色時，馬上就會被用「因為是女生所以才這樣」的標準看待。

很多人會將女性助理形容為「煮飯的人」，或要求女性進行不合理的家務事勞動。此外，「討厭在現場聞到脂粉味」或「女性編劇很感性、男性編劇很會講故事」等違反常識的歧視言行也不斷存在著。

這種歧視問題，也造成女性的職業生涯中斷。對於被迫偏重育兒及家事負擔的女性來說，日夜都要工作的影劇圈，是個讓人難以長久撐下去的地方。若不是和同行結婚這種特殊情況的話，會因為配偶無法理解其勞動環境，而處於公司和家庭兩頭燒的壓力之下。也因為這種結構，相當多女性在懷孕、生產過後，就離開了影劇圈。比起男性，女性的職場生涯中斷比例壓倒性地高。這意味著對女性來說，關係經常會被職業綁住，且選擇的幅度也較窄。

「要是被盯上就更累了，這種程度的騷擾就由他吧，就當作是他在幫我按摩手掌好了。」

老實說，在韓國社會，職場性別歧視、性暴力這種文化，並非是令人太訝異的事。影劇工作更是封閉性的結構，加上對性別歧視麻木無感的集體意

2019年國際婦女節活動的宣傳漫畫（facebook.com/hanbit.mediacenter）

識，所以這個問題仍無法改善。特別是在承包簽約、外包契約、自由業者契約的影響之下，形成了階級制的、複雜的影劇生態圈。在這個畸形的環境中，在上下關係分明的工作現場，身處於低階的女性工作者，幾乎不可能輕易拒絕前輩及導演的需索。

有舉報說，曾有一位十年資歷的男性前輩說要指派工作，結果坐到女性副導膝蓋上，撫摸特定身體部位；有人表示，與自己原本很尊敬的ＰＤ一起吃飯時，對方突然試圖親吻和擁抱自己。

這些女性擔心以後沒戲可拍，所以強忍心中憤怒，反而還得安撫哄勸這些前輩，才能脫身。像這樣，被害者們因工作與生計問題而被迫隱忍，甚至在事發之後，她們也只能學著去應對這種爛事，無論再發生怎樣的暴力行為，都只能笑著面對。

「喂，在這個業界，沒有經歷過一次這種事，妳以為妳爬得上去？」

犯下性侵行為的，大多是在工作現場握有權力的人，所以其他工作人員非但不會同情被害人，反而還會出來護航加害者。曾有一位知名ＰＤ被指控對女員工性侵，但後來竟以「他是個好人，只是酒品稍微有點不好」這種護航的說詞輕易脫身，有些人會對被害者說「這都受不了，就別在這裡工作了」，更過分的是，還有人會反過來指責受害人：「是妳勾引他吧！」

在這種情況下，如果受害人沒有抱著離開業界的決心去揭發，大部分的事件就會被掩埋，加害者持續留在業內。無奈的是，即便告成了，加害者往往也只會得到「禁止進出電視台一年」或「停止一切活動」這類不痛不癢的處分，不久之後就能重返業界。再加上今日的業界環境，加害者即使離開電視台，也還有很多方可以去，諸如外包製作公司、有線電視台等，有許多需要他們的地方，所以只要換個工作地點就可以了。

## 「不跟你簽約了」

預防性侵和反性別歧視的制度，施行狀況極糟。性平教育講習制度形同虛設。曾有舉報表示，性平教育講習課程的公文，公司每個月都會收到一次，但在連續三部戲的拍攝過程中，這個課程一次都沒有開成過。實際情況是，在幾乎與現場直播無異的製作日程中，根本沒時間也沒意願依法辦理。

甚至，性平制度的推行，在業界還會受到各種阻礙。有位外包ＰＤ，想要將「反性侵內部規章」附在劇本中，結果電視台ＰＤ竟然阻止他這麼做，威脅說：「你敢放一次，我就不跟你簽約。」縱容性侵行為、漠視我們為了改革而做出的努力，將責任全推到弱勢人們的頭上，連續劇拍攝現場的性別問題，不僅沒有改善，反而還變得越來越嚴重。

## 沒有性別歧視和性暴力的拍攝現場

以影劇工作現場為題材的tvN連續劇《今生是第一次》（導演朴俊和／編劇尹蘭中）中，有一場戲，劇中飾演編劇的女主角差點被副導性侵，但同劇組的PD和編劇卻要息事寧人，女主角想反抗，PD這麼說了：

「編劇，妳以為這裡是什麼大學社團嗎？這種小事都要吵吵鬧鬧，怎麼拍戲啊？連續劇是團隊作業，沒有我們，妳一個作品都進不來，知道嗎？」

誰會想到，原來劇中情節都是真的。拍攝現場中的暴力、性騷擾、猥褻、性侵，無論是何種程度的惡行，都對被害者的職涯以及人生造成嚴重的傷害。

為了解決這個問題，最重要的，是當事者們的聲音。幸好近來在各領域中女性們的聲音開始發聲，出現了改變的徵兆。在許多連續劇劇本中都有反性侵的內容，性平教育執行率也正在提高。對勞動的尊重，可以從對人的尊重出發。沒有性別歧視、沒有性暴力的連續劇拍攝現場，與遵守勞動基準法的現場一樣重要且必要。從現在起，不要再加諸歧視與暴力，讓我們朝著平等工作的現場邁進。

※ 本章節由連載於韓光中心的 storyfunding 文章為基礎撰寫而成。

# #9 摧毀孩子們童年的拍攝現場

「該哭的戲沒哭出來時，導演對還是孩子的我大吼大叫，甚至還對著我的眼睛吐煙。」

演員A

「收工時肚子很餓，所以狼吞虎嚥地吃東西，結果消化不良，但沒有人照顧我，只好自己抱著馬桶哭了。」

演員A

「在韓國當童星真的很辛苦，因為熬夜拍攝而曠課就跟吃飯一樣平常。」

演員B

連續劇演的是人們的故事，難免會有兒童及青少年出現在裡面，因此，兒童和青少年，也以現場勞工的身分參與拍攝工作。在引發全國熱潮的《天空之城》中，青少年演員們的激情演出，深深烙印在眾多觀眾的腦海裡。

身為演員的兒童與青少年，在連續劇的世界裡佔有一席之地。表現好的童星演員們，自然會變成觀眾注目的焦點。社會大眾很喜歡談論這些孩子們是如何成長的、演技變得有多好。

問題來了，拍攝現場要命的勞動強度，童星們真能夠承受嗎？在每週工作一百二十個小時的拍攝現場，必須出現在攝影機內的演員，不分年紀，一個都離不開。童星們也得跟成人一樣熬過所有的日程。說到孩子，無論任何理由，一定得好好保護他們才行，這是完全沒必要爭論的常識。但如今的影劇拍攝現場，孩子們就那樣被擱著。在連成人都難以支撐而昏倒的勞動環境中，童星們得照單全收並忍受著。現場工作人員在面對這些孩子時，別說保護了，連關心都沒有。得忍受比菜鳥和女性更殘酷對待的，正是童星演員。

事實上，演員也是弱勢。對照領著數十億韓圜片酬的明星，配角們得忍受低薪與刁難，日復一日。勞方地位並不分工作人員或演員，其中，童星演員們在弱勢之中，又處於最弱的位置。

首先，有人提出質疑：「孩子們能成為勞工嗎？」未滿十五歲的兒童與青少年，在法律上是禁止勞動的，但在影劇業界上，只要獲得許可證明，在符合勞動基準法規範的情況下，是可以允許兒童、青少年勞動的。因此，童星演員得以進入拍攝現場工作。

不幸的是，在無暇顧及他人的拍攝現場，童星演員們總是被丟在一旁，毫無權益可言。成人演員還可以聚集起來抗議，或向韓光中心舉發，但孩子們不可能這麼做，他們很難認知到問題所在，也無抵抗能力，所以情況更加嚴重。

韓國的「大眾文化藝術產業發展法」中有規定，未滿十五歲的青少年，一週不能拍攝超過三十五個小時，並禁止晚間十點到清晨六點的夜間勞動。然而，拍攝現場根本無視法規，甚至許多管理者根本沒弄清楚法案內容，看到規定中有「獲得父母或監護人同意者可進行勞動」這樣的文字，就以對自己有利的角度去解釋，以為了使節目順利播出為由，迫使家長們同意讓孩子超時工作。在這種情況下，簡直不可能防止童星演員過勞。

二〇一八年夏天，酷暑時節，發生了一名兒童演員在現場昏倒的事件。舉發的演員表示：「很害怕現場有任何人昏倒，很怕世越號的惡夢再次發生，擔心得不得了。」慌忙地向韓光中心送出急迫的請求。收到舉發後，我們與演員一起尋求解決方案。這個場合讓我想起心情非常沉重的回憶。我們主要處理的是工作人員的問題，所以幾乎忽略了真正重要的部分：即使非常清楚業界的勞動環境極度惡劣，卻未好好觀察童星演員是怎樣被對待的。在灰塵滿布、缺乏防火措施的片場，以及充滿粉塵的戶外拍攝現場，包括新生嬰兒在內的眾多童星演員們持續地在拍攝。沒有防護措施，直接暴露在危險中。

童星演員得承擔的現實，不只極度惡劣的勞動環境。表演內容也十分令人憂心，在電影《熔爐》中，飾演被性侵及猥褻的兒童及青少年配角們，事後會不會留下後遺症。透過電影振興委員會，政府匆匆忙忙地制定了「後遺症預防及治療諒解備忘錄」，後來卻因「需求太少」這個理由，才兩年就廢除了。

在《熔爐》爭議後，連續劇《想你》、《六龍飛天》等，也出現同樣的爭議，此後是否有對演員們進行恰當的治療，無從得知。雖然，讓童星演員執行過於刺激、煽情的表演，受到諸多批判，但在下戲後，他們卻連諮詢或獲得專業治療的系統都沒有，實在太過悲傷。

有些劇組現場，會以「讓孩子們演哭戲，需要表達真實的情緒」為由，故意出言威脅，甚至動手打人。對這些製作團隊來說，連孩子們都只不過是拍攝中必要的道具而已，對孩子們受到的創傷，絲毫沒有任何悔意。在臨時演員的狀況中，以這些惡劣方式刺激孩子的程度更加嚴重。大人們最糟糕的部分，未經過濾就直接傳達給孩子們。童星演員們在成長過程中，持續學著各種不該學會的惡習。

放眼全球，沒有哪個國家像韓國一樣，將童星演員丟在這種不像話的惡劣環境裡。在有著大量童星演員的《哈利波特》系列電影中，兒童演員的拍攝時間，一天限制為四小時，為了保護他們的學習權利，劇組還特地聘請教師，每天都會給孩子上課。

在日本，晚上十點至早上五點，絕對禁止兒童與青少年藝人進行勞動。在偶像團體「KARA」的成員姜知英還未成年時，曾上過日本的直播綜藝節目，並因這條規定而提早下班，在韓國引發話題。

此外，德國、法國、英國這些每年推出眾多影視作品的國家，也沒有誰膽敢如此置兒童與青少年於不顧，更別提強迫他們進行無理的拍攝工作了。

接到這種舉報，我們認為這個問題刻不容緩，沒想到，在聯繫了許多兒童保護團體之後，得到的回答竟都是「難以協助進行改善」，這些團體雖然了解兒童與青少年演員們的處境，但他們缺乏積極涉入處理的名義，主因在於童星演員都是基於自身意願而加入劇組，且多為中產階級的非弱勢家庭出身。

確實，社會上還有很多處於劣勢、更需要協助的孩子，但話說回來，無論環境如何，任何兒童的權益都不該被侵犯，這是不變的事實。現在，影劇圈裡仍有許多童星演員，正暴露在致命的超時勞動、惡劣環境及各種威脅之中。我們得專心關注他們的處境，讓問題浮上檯面。

兒童、青少年演員勞動人權宣傳海報（© 한빛센터）
文字為「連成人都會昏倒的影劇拍攝現場，兒童、青少年沒關係嗎？」

在妥善保障兒童、青少年勞動條件情況下完成的作品，韓國還是有的，那就是電影《我們》。主角是兒童，也有許多兒童參與演出，製作團隊將「確實保護兒童」視為重要目標。首先，每位兒童演員都安排有一位照顧他們的成人工作人員。制定拍攝時間表時，遵守勞動時間的法律規定，杜絕超時勞動，拍攝結束後，讓兒童演員們安全回家，並每天與父母通話，確認演員們感受到的勞動強度。電影《我們》帶給許多人感動，製作團隊展現出的幕後模樣，也跟電影一樣美麗。

奉俊昊導演在拍攝《玉子》時，亦遵守了美國的兒童勞動法。上述的例子，都證明了韓國也可以在保護兒童、青少年演員的同時，製作出十分優秀的作品。目前，保護制度與罰則尚未完備，在這種情況下，那些沒良心的業者只會變本加厲。我們建議的對策是：明確設立勞動時間與勞動環境，嚴懲違法者。同樣，必須制定方案，讓兒童遠離暴力、刺激、受威脅的情況。教育部和勞動部都應該介入，設立保護兒童與青少年演員的權益措施。

韓國社會在二〇一四年經歷了極大的痛苦[32]，許多家庭承受著白髮人送黑髮人的悲傷，我也感同身受，因此，在寫這篇文章的同時，不斷地想著兒童與青少年的問題，心裡十分焦急。我再也不想看到孩子死亡或受傷的模樣了。今日的許多連續劇拍攝現場，都對兒童與青少年極度不友善，大人們應該要拿出良心與責任感，不該讓事情變成現在這個樣子。

雖然韓光中心正努力透過所有可能來改善制度，但若工作現場惡劣的文化沒有改變，童星演員們就無法脫離威脅。我懇切地拜託幕後從業人員們，希望你們呈現出好的模樣讓孩子們看到。他們若能看到大人們即使在惡劣情況下也要保護兒童及青少年的樣子，將來一定能成為更好的大人。這些孩子們創造出來的世界，會比現在更加美麗。讓我們正視這個問題，不要再像過往一樣，在送走孩子們後哭泣了。

32 譯按：指2014年4月發生之世越號船難。

# #10 「編劇」，最容易受傷的夢

有句話是這麼說的：「電影是導演的藝術，戲劇是演員的藝術，連續劇是編劇的藝術」。在連續劇中，編劇就是有如此強大的影響力，因為連續劇的故事及角色都是誕生於編劇之手。明星編劇們一集劇本的酬勞，可高達超過一億韓圜（約新台幣二百六十萬元）。近來，明星編劇們與製作公司簽訂各種高額專屬合約，其影響力持續擴大。然而，連續劇製作現場的主角—編劇的世界，卻不如想像中簡單。

和劇組中其他的專業組別一樣，組長的好壞，決定了組員的命運。怎樣的編劇，就會有怎樣的編劇助理待遇。遇上好的編劇，編劇助理就不會被叫去做雜務，而是能專注在劇情企劃、資料調查，以及協助撰寫等工作，但若遇上不好的，工作內容大概就都是跑腿居多了。

「其他節目的編劇助理每個月都有一百八十萬韓圜（約新台幣四萬六千元），為什麼我們只有一百五十萬韓圜（約新台幣三萬八千元）呢？」

編劇通常不會獨自寫作，會聘用助理執筆。助理懷抱著成為編劇的夢想進入劇組，與編劇一起工作。助理的業務之多超乎想像：參與劇本會議、提出故事小插曲的想法、撰寫部分的劇本或草稿等等。在工作特性上，有些助理會與編劇合宿，有些則是在家工作。不過，劇本的著作權，完完全全屬於編劇。

特別是臨近播出日期，開始要撰寫「當日劇本」時，助理們的痛苦更達到極致。首先，合宿開始了，在當日劇本的工作情境中，編劇團隊分分秒秒都無法休息，幾乎是二十四小時都在寫劇本，根本無法睡覺。更不能違逆因撰寫劇本而變得極度刻薄的編劇老大。加班費？別作夢了。助理們的月薪就只有一百五十萬韓圜。在高度壓力的工作情境中，熬夜一週完成劇本，一個月後，存摺只會有一百五十萬韓圜入帳。

覺得不合理的助理們，即使去找製作公司理論也沒有用。製作公司的態度是：編劇已經拿了很多錢，所以不要來找我們，自己去跟編劇要錢。當然也有比較有良心的編劇，會從自己的稿費中拿錢出來補貼助理，但多數人並不會這麼做。話說回來，就算是有拿到額外補貼的助理，他們的待遇仍不及法定的最低薪資，於是，助理們領著比最低薪資還少的錢，還得滿懷感恩、滿是歉意地看編劇的臉色。有些編劇一個月只不過多付二、三十萬韓圜（約新台幣約五千到八千元），就覺得自己很佛心了，這完全是不健康的勞資關係。

助理們甘願領著低薪做著繁重的工作，就是為了自己的「出道」。要成為編劇的路有兩條：一條是透過難如摘星的「獨幕劇選拔賽」出道，另一條就是從助理工作出發，設法找到和製作公司結緣的機會，再透過「製作公司的人脈」出道。

電視台獨幕劇選拔賽的路正逐漸變窄，相反地，外包製作公司的影響力正在擴張。外包製作公司以編劇助理們夢想的「出道」為誘餌，作為降低勞動報酬水準的擋箭牌。

不過，助理往上升為編劇的可能性也正在逐漸縮減。若不是知名編劇，別說有機會讓助理往上爬了，恐怕連自己編寫的劇本都不見得有機會被採用。

能拿到龐大預算的戲，通常都是靠「明星編劇」，有強的編劇，才有機會

連續劇編劇工作室的樣貌（© 한여정）

請到強的演員，進而吸引投資者，爭取到充裕的預算，並順利拿到電視台播出檔期。就因為得先拿到錢，才能開始拍攝連續劇，所以，沒有名氣的編劇，是辦不到的。

這個狀況，導致明星編劇的權力越來越大。編劇帶著助理到處走動，與知名演員、製作公司老闆、電視台PD打交道、應酬……總之，跟對了師父的助理，才有機會往上爬。

與其他組別的助理相比，編劇助理算是比較另類的存在，他們是很獨特的一個脆弱環節。

「去開會時，PD握住我的手，說要一起去喝酒，我是以『趕稿』為由來拒絕的，真不知道該說是幸運還是不幸……」

出道之日遙遙無期，薪資又低。編劇助理們暴露在各種剝削、壓榨及性侵危險中，他們的夢想難以守護，許多人最終放棄了出道，因為他們身陷在一個最容易夢碎的處境。

編劇助理們總是不安全，他們只能期待遇上好的編劇及製作團隊，並為了自己的夢想進行苦戰。不是所有人都能成為明星編劇，但不能因為不是明星編劇，就將自己的尊嚴及安全寄託在幸運上。

最好的作法是：將工作時間及業務範疇正確告知助理，並支付合理的酬勞。若將劇本撰寫的某一部分託付給助理，那麼當然就要讓他們在片尾字幕名列「共同製作」，也必須共享與之相符的著作權才對。為了實現這件事，電視台與製作公司必須直接與編劇助理簽訂僱用合約，保障其合約期才對。

電視台與製作公司不可將僱傭關係轉嫁給編劇，製作公司或編劇也不能只把助理當成消耗品。立志當編劇的助理們，為了出道的機會，一再容忍不合理的壓榨，這種惡性循環反覆不斷，會造成劣幣驅除良幣的情況，使連續劇製作品質越來越差。近來，多元領域的編劇需求越來越多，以助理們的立場來看，也漸漸沒有理由再忍受影劇業界內的壓榨了。

韓光中心已與 CJ ENM 約定要直接僱用編劇助理，以防止《獨酒男女》事件再次發生，為了保護編劇助理們的夢想，我們會持續努力，助理們在達成夢想的路途上已經夠辛苦了，業界中不合理的各種陋習，都應該要革除。

# #11 一般人不想做的工作——影劇拍攝現場的未來

一名二十幾歲的青年正在找工作。他調查了年薪及工作環境，確認是否適合自己，並煩惱未來自己的職涯將如何進行下去。然後，他看到了某齣連續劇製作的徵人啟事，看起來是很華麗的工作。想到閃爍的燈光及發光的藝人，他內心一邊充滿期待，一邊調查了業界的平均年薪及勞動條件。

結果，聰明伶俐的、二十幾歲的他，心想：瘋了嗎，我才不要在這裡賭上自己的未來，於是，他再次連上求職網站，找別的工作去了。

過去，連續劇業界是片藍海，帶來無窮希望。然而，就在國際金融局勢不穩定，韓國國家的產業結構被推翻了之後，非正職員工等比級數地增加，外包製作公司在業界落地生根，僱用系統變得更加不安定。二〇〇〇年之前，連續劇產業都是「不管是什麼，撐著就對了」，保障了某種程度的未來，但現在完全不同了。

如今，幕後人員們的不安，並非是認為自己無法成為成功的導演。他們比誰都更了解，在這個業界中，不可能每個人都大紅大紫。韓國的電視台是有限的，連續劇的製作部數也是有限的。他們知道，想成為導演的話，不是只要有實力就好，運氣也是必要且極困難的事。

然而，拍攝現場不是只有導演而已。如果工作現場職權劃分明確、體制健全，幕後人員在各個位置上的專業都能受到肯定、獲得與實力相當的待遇，那麼大家就不會身陷在茫然的處境中了。

「就算當不成主管職，在各自崗位上做了很長時間後，能獲得與其等值的待遇就可以了。獲得符合自身資歷及能力的待遇，就能保障我的生活。我是喜歡才進來這裡的，只要未來的經濟情況有所保障的話，就沒有理由一定要離開這裡啊。」

據說在西歐的影劇圈，許多專業幕後人員，即使做到六十多歲，也還能得到很好的薪資待遇，無論是燈光還是現場收音，有許多已經工作了三、四十年的人。他們全都將自身的能力發揮得淋漓盡致，維持拍攝現場的平衡。

「感覺像是被關在看不見光的黑暗中，不知道這條路能否繼續走下去。」

無論是哪個職業的菜鳥都很辛苦，在忍受低薪與心理壓力的同時，能讓菜鳥們繼續在職場打拚的，就是對未來的希望。在看不見未來的黑暗中，不論是誰都無法描繪出自己的人生。對影劇圈的菜鳥來說，劇組的世界是黑暗的，除了離開以外，別無他法。

在如今的劇組結構中，管理者們只將菜鳥認為是「因為便宜所用過就丟」

市民寄給對策委員會的聲援信紙

般的存在。這是個惡性循環，因為菜鳥們是「馬上就要離開的人」，所以也沒有必要對他們好，他們只被當成消耗品對待。

根據統計，影劇產業新進人口持續減少，這是對現況所下的赤裸結論。想要做出好連續劇，就需要好的人才。不要認為內部人力是拋棄式的道具，他們應該是能守護未來的下個世代，應該透過合理的待遇及教育培養人才。影劇產業的春日已過，這是業界許多人都得認同的事實。

電視台、製作公司及政府單位，應該要透過制度改革，向參與影劇幕後工作的青年們表態。同時，前輩們也要分享自己所擁有的，為新一代打開一條路。在看不見未來的黑暗洞窟內，如果老一輩的人願意為年輕人照入一道光芒，製作現場的年輕人們，就能再次站起來。期待未來能得到新的動力，製作出比現在更美麗的連續劇。

# 第三章　CUT
## 回答吧，連續劇製作的未來

# #1 解決的希望——「青年」

為了洗刷韓光哥的名譽，「青年」是不可或缺的。哥哥過世後，我們持續向CJ ENM抗爭，並找上了青年聯合工會。而青年聯合工會組織了「tvN新人副導死亡事件對策委員會」，讓我們從CJ ENM那得到正式的道歉。

從事文化產業的人，多數為「青年世代」。我認為哥哥的事件之所以能用「青年」之名來表達訴求，也是因為這件事最能引發青年共鳴。低薪與不安全的連續劇現場勞動環境，也是青年們正在經歷的職場問題（當然不只有青年在承受拍攝現場的問題）但就算都是青年，彼此間也會有勞資方關係，這樣的制度或習慣是不分年紀與世代的。青年與連續劇之間的關係，既曖昧又模糊，難以具體說明。

其實青年這個概念，從根本的定義就不清楚。以首爾市管理的「青年住宅」來說，能夠入住的人是十九至三十四歲，但在統計廳[33]中只有二十九歲前的人能被歸類成青年。另外，參與農村活動時，甚至遇見由五十幾歲到七十幾歲的人組成的「青年會」。我認為應該要提出這樣的疑問：對各種「青年」來說，究竟是否有「共同的問題」呢？在青年團體中，由性別、地區、階級等產生的問題注定不同。顯然無法只用年齡來定義青年。

事實上，在《獨酒男女》導演組中，折磨哥哥與約聘勞工們的人，年紀正是三十三歲。對策委員會的主訴求是：批判無視「青年」的電視台、要求資方給「青年」一個理想的連續劇環境。但深入了解後才發現，我們得面對一件諷刺的事：打破希望的人，同樣也是青年。韓光中心收到的刁難、言語霸凌、性侵等舉發的加害者，年紀大多是青年。顯然青年世代帶來的不只有好處。

即便如此，也是這個「青年」帶給我們細微的變化。對策委員會用「青年」這詞表達訴求，起了很大的效果。市民們對我們說的故事深感共鳴，共同參與鬥爭，引發巨大的迴響。哥哥的事件是首次有大企業CEO直接承認具體責任、制定防範策略，並向遺屬道歉的案例。由此可知「青年」這詞的影響

33 統計廳：韓國政府機構，負責提供數據資料以利國家發展。

力有多大。那我們必須再拋出一些疑問：究竟是什麼在推動人們？大家是對何種議題產生共鳴？而現在被稱作「青年」的人們，也該問問自己應該身處何處。我認為拋出這些疑問，是哥哥留給我的課題之一。

## 拒絕「本來就是那樣」

「（六八運動的意義）是從一九六八年世代及其後的世代身上看到的，是對恣意且壓榨式權威的普遍輕視。是對無視人民的制度及價值缺乏敬意，以及隨之而來對人民權利的自覺。」

這是介紹法國六八運動的著作《1968：A Student Generation in Revolt》（作者：Ronald Fraser，1988）中的一段話。提到青年世代創造出的改變時，最具代表性的事件就是六八運動。韓光哥和我都對此議題有興趣，而且是哥哥先開始關注後，才影響到我。雖然我們對六八運動的解讀都不同，但我們家的書房擺滿了有關此運動的書籍。

一九六八年，大學生們毫不遲疑地奔上街頭，社會上出現民權運動、越南戰爭、大學民主主義等各種事件，它們皆源自於對當時西歐社會霸權的抵抗。在經濟豐饒的美名之下，歧視、暴力的文化被忽視，巨大的系統引發殘忍的戰爭，擾亂著民主主義的秩序，而個人依舊是軟弱的存在。

經歷過世界大戰的老一輩表示能忍受「這種程度」的暴力，拒絕變化，並強逼青年順應體制。（不覺得這內容很常聽到嗎？）但對戰後世代的年輕人來說，他們認為自己有權拒絕這些「理所當然」。他們團結起來，共同抵制暴力。這件事是否能解釋六八運動何以成功，各界意見紛紜。但因為當時的青年們能自行選擇且表達自己要什麼、不要什麼，因此社會運動能觸及到女性、環境、教育等各種領域，進而產生變化。

聽到一九六八年的故事，自然就想到影劇工作現場。喊出「這個業界本來就這樣」的連續劇業界，在韓流熱潮的繁榮景氣後，給勞工的是低於人類的待遇，不斷容忍現場發生的暴力。老一輩建立的不合理體制，在封閉的連續劇界中被視為「規則」後，就再次產生性侵、人格侮辱、言語霸凌等情況。維持傳統的觀念根深蒂固於韓國社會中（近來被稱作陋習），也被拿來加諸在要進入連續劇業界的青年們，強迫他們接受。

尤其，今日社會向青年灌輸虛假的特權思想與責任：你們是在產業化與民主化的恩惠之下，才得以擁有「吃飽穿暖又自由成長」的特權。甚至將老一輩「年輕時就該承受這些辛苦」的觀念套到青年身上。但在經歷ＩＭＦ事件後，韓國整體社會的經濟結構崩壞，形成了今日的環境，使身無分文的青年們除非是「含著金湯匙出生」，否則就一點希望都看不到。「撐過辛苦的時期就能成功」這種神話，成了幻影。不給青年實質的資本與權利，只用象徵式的資本壓迫他們。身處在這矛盾環境的青年們，稱呼自己所屬的社會為「地獄朝鮮」，失去了對社會的期待。

## 以不同方式活下去的自覺

有個名為海因里希法則（Heinrich's law）的概念：在發生一次悲劇之前，

會以1：29：300的比例出現相關的小意外或徵兆。韓國社會中，青年們正在受苦的徵兆其實一直不斷產生，甚至還有撫慰人心的《獨酒男女》、《未生》等連續劇被製作出來。但長久以來蹂躪青年們的拍片現場漠視了這些徵兆，最終犧牲了一條珍貴的生命。在現有體制中，可以選擇的路只有兩條：強力抵抗後，被認定為不適應者然後遭到淘汰；或者像《獨酒男女》導演組的加害者一樣，成為老一輩想要的人。哥哥對這兩個選項都感到失望，試圖開啟第三條路，創造新的關係解決問題。不過要以個人的力量對抗整個社會壓力是不可能的。他遭受「只有你這麼了不起啊？」「讓你再也踏不進連續劇業界」等污辱，使一位如此重要的人離開了我身邊。

但在解決影劇工作現場問題的過程中，我又看到了另一種希望。將身為青年的韓光哥的苦惱與眾多從業人員分享，期盼他們回首檢視各自的人生，不要再看著他人的眼光生存。從這種向前的力量中，更看見了「青年」這個關鍵字在韓國代表的意義。而從這次的「發掘青年問題」，證明了可以用各種方式喚醒世代的渴望。身處相同空間、經歷相同歷史長大的人們，他們共同的感受，讓我們能去想像我們需要的嶄新「理想」。

2017 年勞動節，進行韓光 PD 追悼表演的青年們

整體來說，新的想像有可能推翻老一輩的體系，也能代表一種「時代精神」。雖然對於長時間妥協於現有秩序的人來說，是有點難想像。但以青年之名凝聚的團體、人們對生存的基本渴望，這些都得以顛覆體制。青年們團結後，會為了更好的社會提出重要的意見，是社會得以脫胎換骨的原動力。

現行的制度與觀念絕對是錯誤的，我們要有以不同方式活下去的「自覺」。這是我們的社會，特別是青年們透過哥哥的死，所領悟到的重要意義。

## 叮嚀與期望

在此不自量力地寫下叮嚀，或者該說是我與自己的約定。這個社會不會因為我們認知到需要改善，就跟著改變。實際上，社會的意識與體制就是被掌握主導權的集團決定。雖然我現在一看到「獨酒」兩字就反感，但因為是哥哥拍的劇，所以還是看了三次，而在tvN連續劇《獨酒男女》中出現這樣的台詞：

「我獨自喝酒。獨自喝酒的話，整天都在努力壓抑的情緒，就會與酒一起湧上。是從哪裡開始出了錯？我們為什麼會變成這樣？就算知道這問題永遠沒有解答，我還是問了，也只能接受這個真實，一直都擺在我面前的現實。但那個真實、那個現實，將可能是我最後的希望也一併拋棄了。我用盡全力呵護的這顆心太過可憐，所以我獨自喝酒。我今天喝酒，是因為需要勇氣，讓我有勇氣說出神智清醒下怎樣也說不出口的話。」

回首過去，我們想要擁有勇氣，我們想要一起抗戰、面對未來。也因為沒有共同奮鬥的夥伴而感到孤獨，至少在這時候，還有酒相伴在我們身旁，也因此才對《獨酒男女》這部劇這麼有共鳴。然而，讓我們從今後起不要再依賴酒了，「獨酒」只會讓你獨自煩惱在攝影機後面的那些事。讓人們來安慰你吧，不要再孤單一人，要團聚起來。我們都是尊重你的訴求、想改變自己所屬空間的人。韓光中心無論何時也都會與青年們站在一起。

這股聲音能得到多少力量，取決於有多少人凝聚起來。我們確信二〇一七年創立的「電視編劇工會」與二〇一八年成立的「電視工作人員工會」這兩個團體，都會帶給業界新的感受與變化。二〇一六年十月韓光哥過世時的業界已經和現在不同了。當然，挫折還是比希望多，所以青年們明瞭這場戰鬥有多麼困難。但韓光哥及青年們一同戰勝了 CJ ENM，這場勝利讓我們能果敢地向韓國的青年們說：社會已經有些微的改變了，不再寂寞了。從現在開始，不要再因為缺乏力量而獨自放棄，讓我們與寂寞的人們一同反抗吧。

我們回到一開始丟出的提問吧。青年們知道了這個體制是因為粉碎了人們懇切的心與夢想，才得以運作，也對反抗一事有了共鳴。他們將凝聚世界與彼此。當然，因為社會、經濟與文化構造所導致的不安感拆散了青年們，因此聚在一起期盼新世界，可能只會被認為是浪漫的夢想。不過我確信抵抗霸權、創造組織並找到方法奮鬥下去，並非淒涼不可能的事。青年們對世界依舊保有一塵不染的愛，如果能克服寂寞，這股力量就會蛻變成更新、更強的動力。

連續劇工作現場正在改變。藝術與勞動間的問題，也因為「尊重勞工」觀念而正被改善。在文化與性別等領域中，也開始出現一、兩個顛覆現況的案例。只要有一、兩個人開始聚集起來並發聲，肯定會帶來變化。在這裡，借用「電視編劇工會」的口號：「別再哭了，尋求出口吧！」

哥哥的故事、至今仍然矛盾的連續劇工作現場，正一點一滴地填進青年們的心，將來也是如此。我會繼續宣揚哥哥那活得激烈且閃亮的人生，對於逝去的時間，我不會後悔。

即使人們遺忘了哥哥，也忘不了哥哥的故事。

※本章內容，是由2017年7月投稿於延世大學校刊「015B」之文章為基礎撰寫而成。

#2 是有辦法的(一)——以國外為例

我相信一定有讓幕後工作者也能幸福的連續劇，是有辦法能解決問題的。讓我們看看別國的方式，全世界有許多國家在製作連續劇，有許多可以參考的優秀制度，我們有必要向他們學習。在這裡，我將比較一下國外與韓國的差異。為求客觀，將以與韓國業界有相似規模與歷史的國家為主，談論其現場。

## 工時

「近來韓國製作公司經常出入中國，那裡與韓國完全不同。在中國，拍攝八小時後就會收工，所以韓國人也會配合他們的行程來安排工作。說到這狠毒的韓國人啊，因為習慣了在韓國工作的方式，就會照樣（用韓國方式）進行，一心只想盡快工作，但（中國工作人員們）只要一到下班時間，就會放下手邊工作走掉了。」

全球化時代在這裡顯得格外諷刺，因為只要一離開韓國，勞動文化便完全不同。如果不能遵守協議好的勞動時間，當地工作人員就會毫不留情地離開。不只中國，連鄰近的日本、遙遠的美國、英國、法國、西班牙等國家，都非常理所當然地遵守工時規定。匈牙利等東歐國家，也將勞動時間視為比什麼都還重要，如實執行。

雖然各國對一天的拍攝時間限制都不同，有的是限制八小時，有的則限十小時或十二小時，但幾乎每個國家只要一到約定好的工時，工作人員就會下班，不論要拍攝的分量是否有剩。顯然，即使最長工時限制各有差異，但時間一到勞工自然就下班這點，在各國皆一樣。

連續劇《特務情人ＩＲＩＳ》製作團隊的故事至今仍廣為流傳。故事是這樣的，該劇有許多份量是在匈牙利的布達佩斯拍攝，拍了一陣子後，當地工作人員突然宣布中斷拍攝，因為已經工作超過八小時了。韓國製作團隊對這突如其來的消息感到慌張，因為他們認為要將該份量集中於一天內拍完，所以事先只申請一天的拍攝許可。他們不斷強調團隊只申請一天能在文化遺跡內拍攝，要求繼續進行。不過匈牙利工作人員表示這不是理由，本來就該遵守八小時，便收工回家了。最後，只剩韓國工作人員留在現場繼續拍攝。

韓國連續劇業界與他國的最大差異，就是拍攝日程的制定方式。不只匈牙利，聽西班牙、美國、中國與日本的工作人員說，他們一開始在規劃日程時，就將一天的拍攝時間限制在八小時以內。雖然也可能是因為他們的勞動文化與韓國不同，但這樣的規範確實起了很大的效用。舉日本為例，若違反規定好的工時就會受到嚴重處罰，也得給付超時的高工資，因此，比起強制長時間拍攝，事前制定好計畫、遵守法律，對製作團隊來說也是有益的。不只日本，前面提到的許多國家，也都依照該國的勞基法來制定拍攝計畫。

這樣做，自然就能保障勞工權益。要解決長工時的問題其實很簡單，只要遵守法律就行了。韓國最近也訂定相關政策，規定每週最長工時為五十二小時，看來也沒必要再重新提案，只要確保在電視台與製作公司還沒想出鑽漏洞的方法前，就給予他們壓力，讓所有的勞動現場都能遵照法律執行。

## 文化

「到國外拍攝的話，工作人員就不會特別干涉彼此，尤其是對與自己工作往來無關的同事，不會沒事去和他說話，去引發爭執。在韓國就不同了，舉例來說，若你穿雪靴去片場，就會被酸『為什麼穿這種鞋子來？』、穿拖鞋去就會被說『為什麼穿拖鞋來？你瘋了嗎？』但要是到了中國，我就算穿拖鞋、不穿衣服也不會被說話，我只要有做好份內工作就行了。」

韓國業界的甲乙方關係、學徒文化帶來許多有害影響，影劇工作現場處處上演「向下刁難」的戲碼，勞方還得忍受這種非人性的對待。但在國外沒有這樣的文化，所以也不會有太多因勞資方關係而產生的人格侮辱。

「這是在美國遇到的事，吃飯時間到了就要吃飯對吧？但大家並不會特別提起與吃飯有關的話題。時間一到，自然就有一個準備好的地方，大家都可以到那裡用餐。甚至當組長因為太忙抽不出身去吃飯時，底下的助手也可以自己先去吃，而且絕對不會被說話。若被人說閒話時，就會回『你不吃飯能活嗎？』這和韓國實在差太多了。到韓國拍攝的電影也是如此，連拍《復仇者聯盟》的劇組同樣也是這樣。」

雖然工時一直在延長，但只要有工作人員趁著空檔稍微打盹、吃飯一下，不到一天的時間，消息就會在連續劇業界傳開，從此就很難在這行做下去。拍攝現場是由許多不同專業的人分工合作的地方，卻因為位階文化，只要上級沒休息，下面的人也不能休息，就算手邊暫時沒工作也得等待上司。

從連續劇製作的效率來看，韓國這種奇特的位階文化非常不合理，這也是曾到國外協助拍攝的工作人員一直在指責的地方。上級其實只要在工作上提出相關意見、分配好每個人的職責就行了，不需要特別去關心下級的個人行為。今天導演組去批評燈光組菜鳥的工作態度，會對工作帶來什麼正面效益嗎？又不是在軍隊工作，只要打造出有效率的工作環境就夠了，過度的干涉只會產生負面結果，這種錯誤的共同體文化甚至會帶來人格侮辱與性暴力問題。雖然這種文化早已深深扎根於韓國社會，但連續劇產業正搭上韓流熱潮，進軍全世界，必須快點改正這個惡習。

## 極為特別的韓國

韓國連續劇的製作環境在國外也顯得很突兀，雖然也有過幾部成功作品，但因為製作團隊早已習慣不合理的勞動環境，做出許多很奇怪的行為。

「去到西班牙，他們不讓我們睡覺。因為海外拍攝很昂貴，所以得用最小的預算去盡可能拍出最多的內容，這樣才能壓低製作費。但你知道最委屈的是什麼嗎？我們要拍二十、二十二小時，但西班牙工作人員們只要工作十小時、十二小時，就會與下一班的人交接，因為他們得遵守兩班制工時，那我們呢？他們說韓國人就按照原計畫拍二十四小時。」

同一片場的工作人員裡，韓國人長時間勞動，該國勞工則適當工作，這件事似乎變得很理所當然，甚至還有個諷刺的故事：在海外拍攝的中國連續劇，也有韓國工作人員參與其中，中國製作團隊突然規畫了二十小時以上的日程。韓國人質疑「在中國不是不能長時間勞動嗎？」結果聽到這樣的回答：

「韓國人的話，就算叫他們這樣工作，不是也沒關係嗎？」

搭著韓流熱潮，不只連續劇大賣，韓國人們如此可怕的工作惡習也傳遍全世界。Netflix 相關人士這麼表示：「如果想用最少的經費拍出高品質的作品，就去韓國。」這句話聽起來一點也不開心。到國外拍攝，當地人全都在休息，只有韓國人繼續工作，這種國家還正常嗎？我們該從哪裡開始反省？該從哪裡開始改變呢？

## 制度

在英國，工作人員的合約厚如一本書。因為如果是電影或連續劇製作等長期計畫，合約內容就得非常清楚。如果是像韓國現場的自由業者合約，那麼從合約期間，到與企劃相關的支出範圍、休假標準、作品成果等評估，都需要進行詳細的協議。為了防止電視台刁難，各項目都會仔細研擬，合約自然就變得跟書一樣厚。且合約相關的義務規定亦已政策化，不只英國，在美國與法國等國家中，皆有詳細的法令，以保護影視業界的特殊勞動制度。而這些國家的共同點是，皆有十分強大的權益團體去保護影視勞工的人權。勞工們藉著團體的力量得以訂定制度，在制度的保護之下，得以安全地工作。

我上述所舉的國家中，他們與韓國的產業構造極為不同，所以就算完全仿照他們的制度，也不能保證韓國勞工的情況一定會改善。不過離開韓半島，便能看到其他國家都制定最低限度的原則，以各自的方式尊重並保護著攝影機後的人們。他們只是遵守了原則，合法地完成拍攝而已，韓國沒有理由做不到。有能力做出高品質內容的人們都在守護現場，越是尊重他們，連續劇的品質一定也會提升。所以，別再想著總有一天要「脫離朝鮮」，讓我們試著先「脫離體制」吧，一定有解決辦法的！不論是觀眾還是勞工，讓我們共同用心關注，一步一步向前邁進，實踐理想。

※ 本節資料參考來源：

- Health and safety in audio-visual production: your legal duties, HSE（Health&Safety Executive）（2018）
- 〈攝影機後有人〉〈카메라 뒤에 사람이 있다〉，已故李韓光 P D 事件後，連續劇製作現場勞動實況改善之國會討論會（2017）
- 〈韓國連續劇製作現場之勞動實況及永續對策探討〉〈한국 드라마 제작 현장의 노동 실태와 지속가능한 대안 모색〉，為改善連續劇製作現場勞動人權之討論大會（2018）

# #3 是有辦法的(二)——以韓國為例

老實說，要談論韓國的案例讓我很有壓力。我擔心會有「〇〇〇根本就不是模範片場，背後是有私人交情的」這樣的聲音。我也擔心，若介紹了某個優秀現場案例，但它其實有很多問題的話，該怎麼辦？我不就成了騙子？

但我還是想介紹。因為我從一開始就不屬於這個業界，在我的利益關係者中，也沒有人在連續劇界工作。只有哥哥是唯一一個和我有關係，且身處業界的人。因此我不會被關說，也沒有要討好的對象。而且韓光中心收到的舉發非常多，要在這些舉發中找到毫無記錄的連續劇，就像大海撈針般地困難。完全沒從任何舉發機構中拿到黃牌的連續劇非常稀少，所以極為特別，而我們就必須關注這樣的製作現場。

如果這些連續劇不只沒被舉發過，甚至還傳出好評，那我相信介紹這些案例應該不會有什麼問題。接著我要講的是非常寶貴的案例，他們給予幕後人員應有的尊重。雖然我很想討論更多實例，但光是要找到符合條件的工作現場，就已經非常困難了。所以我希望讀者與影視從業人員都能留意這些成果，並銘記在心。

第一個例子，相信有在關心連續劇工作現場的人應該都聽過，就是二〇一八年JTBC《經常請吃飯的漂亮姊姊》的故事。

「如果劇本都已經確定，PD也在熟讀劇本後才開始製作的話，情況就會不一樣。我們（在製作時）一天內要移動的時間相當多……（中略）……先去龍山，再去衿川區、再去上岩洞、再去高陽市、再去仁川，最後再回到上岩。花在路上的時間該有多多啊！但（因為PD已經熟讀劇本）我們沒有出現這樣的行程。」

「如果導演與各組組長都有好好讀過劇本，並訂定合理的拍攝計畫，現場就會變得不一樣。只要有事先規劃好，不論是拍一分鐘還是十分鐘，都可以在一個場所就一次拍完所需畫面。一天基本上就省了五、六個小時。」

《經常請吃飯的漂亮姊姊》製作團隊在拍攝之前，就擬定好劇本，並事先規劃拍攝過程、畫出草圖。PD減少不必要的時間浪費，只確認工作的必要事項，在預定時間內完成所有拍攝，所有的過程都按照事前的規劃進行。反之，有許多連續劇事前沒有好好準備，到了現場還在嘗試不同拍攝方式，也經常往返不同場所，浪費時間，與《經常請吃飯的漂亮姊姊》現場形成強烈對比。演員們也因為沒有浪費不必要的時間而感到開心，甚至在訪談中提到這點，顯然這是個能讓工作人員安心的職場。

不過《經常請吃飯的漂亮姊姊》不能說是絕佳典範。這部連續劇的主要PD非常知名，所以獲得了許多投資，甚至在拍攝前就準備好劇本，是個很有餘裕的現場。也有人評論表示，當準備時間不夠時，PD與各組組長會竭盡所能地縮短工時，用個人十分卓越的能力來解決問題，所以也不能完全說是模範案例。

不只《經常請吃飯的漂亮姊姊》，某位從綜藝部門調到連續劇部門的導演，製作的每部作品都很成功，也是位徹底遵守拍攝時間的導演。不過想排出有餘裕的行程，就必須爬到明星導演等級的位置才有可能。因為如果要增加拍攝日程，就會產生許多費用，所以能夠說出「對我來說，人更重要。必須照顧大家」、堅持事前製作、握有強大實權的導演，在現場並沒有那麼多。《經常請吃飯的漂亮姊姊》雖然是理想的現場，但無法將這部劇的製作模式套在一般的連續劇片場上。

「導演與我們除了關心連續劇的成功，也致力打造不讓任何一個人受傷的現場。」

連續劇製作現場是個隨時都在變化的地方。除非有異於常人的能力，或凌駕電視台與製作公司之上的權利，否則無法完全防範所有情況。因此，盡量降低變數的發生率，打造出不論是誰來，都能安全製作的現場，才是最好的。連續劇《時間》就是這樣。這部連續劇從準備階段起，就遵守勞動原則，在製作的過程中，不是只單靠個人的卓越力量，因為在拍攝過程中，可能會產生許多變數。舉例來說，《時間》是某主要ＰＤ的出道作品，裡面有拍很快的ＰＤ，也有拍很慢的ＰＤ，所以通常根據主要ＰＤ的風格不同，事前準備的程度也不同。但他們從最初的準備階段起，整個製作團隊都以嚴守拍攝時間為目標，詳細地檢查製作情況，演員也為了創造出好的現場而參與計畫。

「這是創作嘛，創作是很花時間的。但沒有給足充分創作的時間，拍攝就開始了。」

優秀的作品來自於認同多樣性，有一百個連續劇工作現場，就會有一百種風格。並非所有現場都以一樣的方式來控管，就可以解決問題。反而是要認同變數，勞資雙方一同協商出最好的方式。舉例來說，製作團隊事先達成遵守勞動法規的共識，這樣一來，即使日後現場發生問題，也能以此共識來應對，如停播一週、減少播放時間等。但目前的情況是，即使有人在現場發生問題，也因為有不能停播的潛規則，導致勞方無法受到尊重。不過當大家都有先達成共識時，那麼在變化多端的現場中，這個共識就會發揮決定性的作用。《時間》既沒得到許多投資，也不是知名ＰＤ的作品。但《時間》的製作團隊冒著可能停播的危險，依舊嚴守勞動時間，維持健康的勞動文化，也如實支付薪

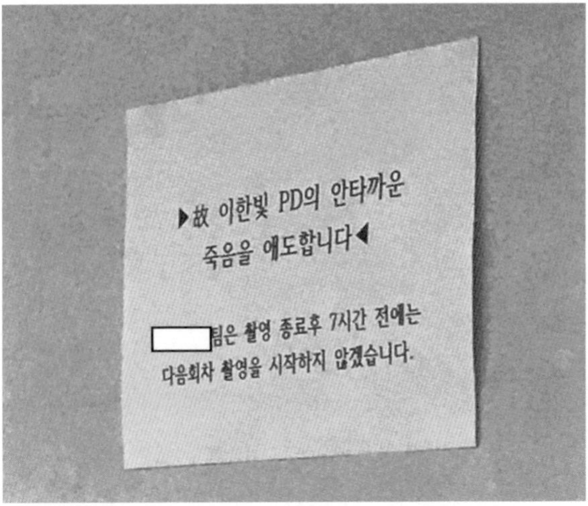


貼在某部連續劇現場的公告：哀悼已故李韓光 PD。
○○○組在拍攝結束後，七小時內不會再拍攝下一集。

資。因為一開始的共識就很明確，所以自然就能尊重勞工。

最近也聽到許多從現場傳來的好消息。從頭到尾都嚴守六十八小時勞動時間的連續劇《獬豸》引發了討論。當然，連續劇產業結構的問題相當嚴重，努力守護良心的製作團隊，就得承受極大損失。在這種情況下，大多數的製作團隊只好選擇不受損害的方式。這是個讓有良心的人吃虧受傷的地方，難以長久維持。因此，希望各位不要認為一定得和《經常請吃飯的漂亮姊姊》、《時間》、《獬豸》或匿名的○○○連續劇工作現場一樣，畢竟體制的問題還是得透過改善制度來解決。不過，希望他們那份想努力的心，能傳達給所有人知道。從上述案例中看到的方式，也可以當作改善現場問題的參考。最終，所有問題都得靠改變制度、達成共識才能解決。如果是不好的框架，那就努力打破它，對於在現有框架中盡最大努力的人們，我們要給予他們支持。

# #4 普通連續劇的變化㈠——制度

「好想改變。」

在艱難的連續劇製作現場中，也有許多不依附結構，在各自空間不斷努力過來的人。他們真切地渴望著工作環境的改善。事實上，在《獨酒男女》對策委員會中與電視台戰鬥時、在韓光中心成立營運的過程中，以及在寫這本書的時候，有太多太多幕後工作者提供了我們或多或少的幫助，並且拜託我們不要公開他們的身分。然而，這些零散的個人努力，難以推倒產業結構堅固的高牆。業界的運作模式盤根錯節，為了徹底改善工作環境，我們必須展斷這些雜亂的枝節，再重新建構。

過去兩年半，我們對現行系統做了許多批判，提出許多實際且有效的對策，現在，該以堅定的意志來改變制度，讓新的系統落實下來了。為了幕後工作者們，我們期待連續劇製作系統的變化，接下來，關於我們提出的具體對策，我將一一詳述。

## 改變拍攝日程

首先，必須改變韓國連續劇的播出集數問題。現場的勞動強度取決於播出的集數與尚未播出的預備集數。現今的連續劇大多為十六集的迷你劇集，只拍完四集的份量、第六集之前的劇本才剛完成，就開始播出節目。這種情況下，十個現場中就有九個會在後半部起面臨長工時、高強度的勞動。如果按照現行的播出計畫進行，約從中半部起，就不得不走上連分鏡都無法規劃的「當日劇本（邊寫邊拍的劇本）」之路。雖然這個問題一開始就能預料到，但沒有任何人想去改善。甚至在幾個片場裡，導演一瞬間就推翻掉所有的劇本，更加惡化勞動環境。

現場從業人員們一致認為，如果事前製作太困難的話，至少也要落實半事前製作系統。播出前僅才拍完四集，這樣的日程太過緊繃了。最少也要有八集以上不可再修改的最終劇本，並至少拍攝完六集後才能播出。但最實際的方式是，配合第一集的播放日，在此之前拍攝完全劇份量的一半，並於播出的過程中，繼續拍剩下的一半。若將拍攝日程調整為：在播放事前製作的八集份量時拍攝四集，這四集播出時，再依序拍接下來的集數，就能安全地於最後一集播出前完成十六集的拍攝（當然這必須建立在導演不中途推翻劇本的前提之下）。而這樣的方式，並不會大幅改變目前的業界習慣，反而讓導演與工作人員有時間去規劃分鏡。而不知從何時消失的 cue sheet 腳本[34]，也可以重拾使用。拍攝日程的改善、準確的分鏡規劃與 cue sheet 腳本的製作都是很好的方式，亦能提升韓國連續劇的水準。

## 縮短播出時間

拍攝現場隨時都在變化，為了兼顧良好的勞動環境與不斷變化的現場，我們必須將播出時間減少成五十分鐘左右，而不是七十分鐘。以美國的連續劇來說，每集四十五分鐘、一週僅播出一次，其實也能製作出具競爭力的作品。堅持要在無廣告的情況下播出七十分鐘，就只是韓國電視台間無意義的競爭。

二〇一八年，三家無線電視台[35]透過「全國輿論工會」與產業協約承諾將減少播出時間。不過隨著綜合播放頻道與有線電視日趨發展，無線電視台無法像過去一樣稱霸連續劇產業，在這情況下，他們的承諾僅止於茶杯裡的風暴[36]程度而已。電視台只是短暫地減少播出時間，又以必須與同行競爭為由，再次回到七十分鐘。顯然，這項承諾無法解決問題。

為了達成目標，需要全體電視台一同討論。幸好最近政府也在規劃勞資政（勞方、資方、政府）三方協議。雖然尚未有具體細節，但我們希望政府盡快制定方案，也希望電視台能結束堅持播出七十分鐘的懦夫競賽。CJ ENM 也曾在與韓光中心對談的場合中公開表示，日後若舉行勞資政協議一定會參與。因

---

34 cue sheet 腳本：拍攝連續劇或舉辦活動時，用來詳細寫下所有流程的行程表。

35 三家無線電視台：分別為 KBS、MBC 與 SBS。

36 譯按：源自英文'A Storm In The Teacup'，指對當事者來說是大事，但外部人士來看卻只是極小的事件。

此，這份消息確實值得期待。三方協議若能早日定案，七十至一百分鐘的連續劇片長，就會成為殘酷的歷史了。

## 12 ON 12 OFF

宣稱一天勞動時間不長的片場，在經調查後發現，扣除待命與交通時間，實際一天是工作十六小時的。現在仍有部分連續劇製作團隊為了節省人事費，一週只安排三個工作天，一天強行拍攝二十小時以上。電視台甚至在考慮引進彈性工時制，那麼一週也許會工作到一百小時也說不定。若沒有對應的配套措施，資方就會巧立各種名目，延續片場的惡習。

拍攝現場隨時都在變化，若沒有規定工時，現場的勞動強度很容易又會因為某些理由再次變得嚴重。就像政府規定每週工時為五十二小時一樣，我們也需要訂立制度，規定影劇工作現場一天的最長工時為十二小時。

外景拍攝中，在現場休息的工作人員們

「如果拍攝時間嚴重超時就會遭到懲罰的話，製作公司一開始還敢這樣制定行程嗎？連續劇拍攝這檔事，是沒有必要承受罰金的。像國外都有嚴厲的規定，就算想超時拍攝也沒有用，自然就會自己想辦法調整日程了。」

攝影機後面明明有這麼多人倒下，卻沒有人去改變他們的體制。其實這並非難事，只要遏止常識上來說不合理的行為就行了。大多數的觀眾也不希望自己看的連續劇，是這些人的倒下所換來的。說真的，這十二小時連外人來看都覺得非常可怕，但對我們這些努力守護現場的人來說，是好不容易才能主張的十二小時。雖然很令人心酸，但還是希望資方能好好遵守。而唯一方法，就是不要將拍攝時間的決定權交給電視台與製作公司，而是交給國家與社會，強制規定。嚴懲也好，判處罰款也罷，總之政府得儘早對正在倒下的從業人員伸出援手。

## 改變合約

「已經從事連續劇工作五年了，但從來沒好好簽過勞務合約。」

在某些國家要簽像一本書厚的勞務合約，在韓國有些工作人員卻連一張紙都看不到。他們不被視為勞工，而是被當成「能隨時看到藝人，又能搞藝術的特殊人們」，甚至連在合約上簽名的權利都無法獲得保障。但現在時代不同了，勞動部認同連續劇從業人員的勞工特性，最高法院也判定演員為勞工。出現在片尾名單的所有人都是勞動者。不論是扛燈光器材、打造片場、對焦攝影機、還是飾演配角的人，都必須簽下勞務合約。

當然，連續劇製作明顯與其他勞動不同，必須開發、引進適合連續劇勞動性質的標準合約。二〇一一年，電影業界訂定了標準合約並引入片場，由於電影產業工會與勞工們的努力，載明薪資、時間等具體保障勞工的合約已經普及化了。其實連續劇現場並不是沒有標準合約，文化體育觀光部[37]也公布了「電視領域標準合約書」。但勞工們卻連有標準合約這件事都不知道。工作人員大多被視為自由業者，因此要簽什麼、怎麼簽約都不太清楚，至今仍在沒有任何保障之下持續工作。

那麼，開發並引入標準合約，可以改變什麼呢？首先，可以避免再簽訂「勞動時間二十四小時」、「合約期至拍攝結束為止」等模糊又危險的合約。事實上，電影界的標準合約也增加了超時費用規定等事項。第二，清楚的薪資合約可防止電視台與製作公司再巧用「日薪」來壓榨勞方。舉例來說，當資方僱用日薪制勞工，卻故意減少每週工作日、增加其中一天的拍攝時間時，便可

37　文化體育觀光部：韓國的行政機關之一，負責文化、藝術、體育、觀光、媒體、行銷、內容產業等相關事務。韓文原文為「문화체육관광부」。

以用「月薪制」合約解決。有時也可以簽訂「時薪合約」，當工時增加時，就能正當獲得補償。在連續劇業內，每種職務的利害關係都不一樣，所以可藉由標準合約，摸索各自適合的簽約方式。第三，加入四大保險，能應付工作現場的突發狀況。雖然我們常聽到現場人員受傷的消息，但有許多情況無法適用於產災保險，有了標準合約就能確保所有勞工都有加入保險。最後一點，簽署合約的同時，會讓勞資兩方都關注勞動基準法，可以讓資方收斂一些。

近來，經常聽到勞工在與製作公司簽訂合約後，才開始拍攝的好消息。勞方在簽訂勞動契約時，必須是簽標準合約，這件事絕對不能打折扣。合約也必須具體明示相關權利，政府也需要積極制定政策。透過關係介紹到現場工作的常態也需要改變。落實合約簽訂顯然是當務之急。

## 製作連續劇產業的工作指南

「這是剛完成的連續劇拍攝日程計畫，這樣的安排有遵守勞動基準法嗎？

一天的行程抓〇〇小時，提供〇〇休息日的話，這樣有守法嗎？」

有位在無線電視台工作的某ＰＤ偶爾會問我問題。因為每天都在與電視台奮戰，所以收到這類問題時，我感到有些尷尬。這位ＰＤ真心想在電視台與韓光中心的立場間取得平衡，希望製作日程能符合我們提出的工時規定。我非常感謝這份真誠，所以我也會認真思考對方的問題，再予以回覆。即便如此，勞資雙方至今仍未在連續劇工作標準上達成共識，這點真的很可惜。

雖然我們期盼用一個強力的法律來管制。但拍片現場千變萬化、各職務的勞動性質也不同，不太可能只靠一種制度就解決所有問題。但勞資政三方可以一起協商，共同思考最低標準的工作指南。這份連續劇製作指南中，可以涵蓋各項議題，例如長工時、低薪、過長的播出時間、外包合約等。老實說，電視台的人幾乎也沒讀過勞動基準法，所以到底要怎麼做才能對大家都好，他們也不知道。

連續劇工作指南的編撰，是有經過討論的。科學技術資訊通信部、播通訊委員會、文化體育觀光部、僱傭勞動部、公正交易委員會這五個部門曾共同發表「電視節目外包製作市場不公正慣行改善綜合策略」，並討論工作指南。不過結果毫無意義，讓所有人失望透頂。五個部門的共同小組，在編撰指南時，只採納了電視台與製作公司的意見。即使有「電視工作人員工會」的勞工代表，他們還是被排除在外。最後變成電視台與製作公司的權力之爭。編寫指南時，本來就應該勞資政三方一同討論，但政府只執著於表面的成果，導致勞工被排除在外，他們的這份難受是久久揮之不去的。如果願意耐心說服相關人士，不放棄溝通的話，我相信一定能完成大家都同意的連續劇製作指南，但現實結果卻令人惋惜。

當然，關於指南的討論不會是最後一次。未來，人們會聽到攝影機後面的聲音，會有越來越多有關拍片現場的研究。我堅信，下次一定會更好。就像我前面提到的那位問我問題的ＰＤ，電視台與製作公司也在自省，勞工們也團結一心講出自己的故事，社會上也有許多人在關注並思考解決方案，小小的變化正在凝聚。只要政府就定位就行了。現在，球已經傳給了政府，期待他們能審視共同對策小組的失誤，並為了更好的拍攝現場，扮演好自己的角色。

# #5 普通連續劇的變化㈡——現場

再好的制度也要有人去實踐。這個章節我要討論的，必須靠現場裡的人來改變，像我這樣的外人是無法給予幫助的。如果正在閱讀這本書的你，剛好是相關從業人員，我懇切地請求你仔細閱讀接下來的內容，並好好地思考。

## 不要再「努力」，一起「組工會」吧

這是主導《獨酒男女》對策委員會的「韓國青年勞動工會」口號中的一句話。在變化多端的片場裡，最需要的是「勞工組合會（以下稱工會）」。我認為哥哥在最後一刻斷然離開這世界，是因為沒有「夥伴」。當時和現在的 CJ ENM 都沒有成立工會。我哥哥是個敏感但堅強的人，他無時無刻都在面對這些問題，不會因為這些挫折就放棄生命。但當人一直處在黑暗中，連一點光都看不到時，也只能跌入那無盡的深淵裡。沒有「夥伴」真的太過寂寞，這些不合理大家卻視之理所當然，身邊有沒有一個人願意和自己奮鬥，沒有一個人和自己有相同的想法，那該有多孤獨、多絕望啊。

不過只要人團結起來，故事就會變得不同，就會讓人知道自己不是異類、不是適應不良者。對於這體制的矛盾，我們沒有必要「努力」承擔責任。拍攝現場的勞動問題之所以比其他行業嚴重，是因為大部分的勞工都是非正職或約聘人員，沒有團結起來的機會。我深刻地感受到工會的必要性與急迫性。「電視工作人員工會」與「電視編劇工會」的創立，意味著改變已經開始了，這兩個團體成立後，做出了許多成果。

連續劇的就業市場相當不穩定，要加入工會並不容易，還有可能被上層盯上。而且每天光是為了生計就忙得不可開交了，哪有時間參與工會活動。其實我們也有收過令人難過的舉發，表示有工會成員被列入業界黑名單，在現場到處被刁難。但越是如此，組織工會就越是重要。成功當然無法一蹴可幾，但我相信，當幾百人的工會壯大成幾千人的規模時，電視台與製作公司就無法再像從前一樣忽視勞工了。描述大型連鎖超市約聘員工們勝利故事的《失業女王聯盟》與網路漫畫《錐子》，這些都不是虛構的故事。他們的神話源自於最惡劣的工作環境，現在輪到我們重寫這個神話了。

## 確保協商能力

現在讓我們來想像一下，若有強大的工會，可能會出現哪些變化。

「在企劃一部連續劇時，製作團隊會向工會提出『我們需要哪些工作人員』，然後，對該題材的連續劇有興趣、有實力的人，就能透過工會獲得工作機會。工會提供勞工的簡歷給電視台，並在簽約過程裡居中協商，保障勞工的權利。感覺太理想化嗎？這些內容已經有許多國家在做了。」

今日連續劇工作現場裡，製作團隊透過掮客尋找工作人員與配角，人力體系難以預測。再加上連續劇題材越來越多元，必要的專業能力也越來越細，電視台與製作公司的ＰＤ能否找到合適的工作人員，甚至會影響到連續劇的成敗。勞工們只要能團結起來，就能解除某種程度上的勞資方關係。美國、法國、英國與德國等保障電視勞工權益的國家，他們都有強大的權益團體。甚至在英國，即使是簽為自由業者，也能享有與其他勞工相同的權利保障。不管是成立以產業類別區分的工會，還是組織以專業能力區分的團體，只要大家團結，就能發揮巨大的加乘作用。正在閱讀本書的你如果是業界的從業人員，現在就馬上加入工會吧！

## 抵制學徒文化

我認為，工會的長期方向可以朝歐式的「同業工會」前進。在外國的電視業界中，到處都有與「guild（同業工會）」相似的組織。在韓國，因為沒有連續劇製作相關的官方教育機構，只好放任學徒文化這個惡習持續下去。然而，雖然韓國的學徒文化發達，卻沒有像日本一樣的學徒式講習，只能在底層打滾，「耳濡目染」地學習攝影技術而已。在這種情況下，不必要的位階秩序及勞資方關係被鞏固下來。韓國連續劇因韓流熱潮而邁向全世界，但製作技術的傳授方式卻如此落後，在各種層面上都有許多問題。落後的系統不只造成新人的權利問題，也對長期的產業構造產生負面影響。

現在，大家應該互相合作，共享彼此技術，建立具體的教育系統。我們可以反過來說，就是因為沒有相關的連續劇拍攝學校，所以一旦工會團結起來，其力量就會加倍。連續劇不是靠ＰＤ一個人就能完成的，所有工作人員都必須發揮所長，這技術是在學校學不到的，只有現場工作人員才知道。

「不是有許多外國工會、同業公會的優秀案例嗎？我想把那些當成目標。我們的目標是建立專業化的組織，可以有實質的教育來培養人才。這樣一來，製作公司透過工會尋找勞工的可能性就會變大，勞工的權利自然就會被保護。我們想要一個能像這樣解決所有事情的組織。」

這段話是最近剛參與工會活動的某匿名工作人員的聲音。當然我很清楚，要全面拋棄現在的教育系統與學徒文化，並組織工會的這個想法，寫下來很容易，但其實是非常遙遠、難以達成的目標。不過這番話也並非完全沒有實現的可能。光是我們目前的小組織，就有與過去截然不同的協商能力，且正向現場從業人員們推廣勞動法教育、各類職能教育等課程。

## 抵抗巨大的資方

我每天盯著製作公司協會的一舉一動，變得相當擔心。哥哥的事件發生後，影劇工作現場的問題引發討論，過去無法發聲的勞方開始團結起來，做出許多行動。而現在，資方看起來也準備要反擊了。最具代表性的舉動就是「Studio Dragon」、「Monster Union」等大型製作公司加入了製作公司協會，擴大規模。這也意味他們不會默默接受一切。連續劇工作指南的製作之所以草率結束，也是因為受到製作公司協會的影響。電視台與製作公司這些資方，在各自處事的情況下就夠令人害怕了，當他們團結為一打壓勞工時，其結果光想像都覺得可怕。因此我們必須快點聚集人數，得在他們做好準備之前，勞工們就先團結起來。

希望片場的勞工們不要像韓光哥一樣孤軍奮戰。工會是個能拿來戰鬥的工具，也是一個充滿光明的空間。所以我想再次強調、再次叮嚀：幕後人員們，你們不要再努力了，加入工會吧！

## 常設協商機構

講了一些理想化的話，我們再次回到現實吧。現在最需要的，就是營運定期且常態的協商機構。在 CJ ENM 的「已故李韓光 PD 名譽恢復與電視製作環境、文化改善約定」中有條「建立常設協商機構」的協議，用來確保不再發生類似事件。規定勞資雙方要定期開會協議勞動環境，發生問題時，從業人員需要透過協商機構解決事情。當然，協商機構不只是 CJ ENM 要有，所有連續劇製作現場都應該設立。現在已經是連社區中有項設施要建設，都需要協商機構的時代了。從拍攝片場至今都還沒常設協商機構這點來看，就能知道現場有多麼不民主了。

必須有常設協商機構的理由之一，是因為幕後人員們多元的利害關係。最簡略的區分是正職與非正職、電視台和製作公司與工作人員的關係，但深入探討後會發現，架構並沒有如此單純。主要PD與各組組長依然掌有各自權力，而為了保護勞工的權益，我們只能分散權力者的力量。

我們很常聽到主要PD下一階層的副導，或組長下一階的工作者們對韓光中心不滿的傳聞。抱有「只要再撐一下，我也能隨心所欲地使喚人了」心態的他們，對我們的種種努力感到不悅，只要有權力分配，就必然有利害問題。拍片現場中，技術組、美術組、導演組各自負責的角色不同，每位工作人員的薪水簽約方式也不同。隨著連續劇產業發展、新的製作方式被引進，工作內容也變得多元。在錯綜複雜的現場裡，要找到能一刀解決問題的方法非常困難。而從CJ ENM承諾要經營常設協商機構到現在，也已經過了兩年。我們只能確認他們是否有按照規定經營，但常設協商機構能發揮到何種程度的效果，至今還是未知數。除了部分現場外，大多數的常設協商機構都批評為未能發揮功能。

為了順利經營常設協商機構，我們必須選出能替各種利害關係辯護的勞工代表。而且要選能分析職能、職業類別的利害關係，並為各情況做出正確辯護的人。現在的協商機構是由主要ＰＤ與各組組長在主持，他們某種程度上也算資方，所以協商的標準與製作團隊的會議沒有太大不同。當然，他們有定期開會都還算是萬幸。為了讓常設協商機構能發揮作用，我們必須選出正確的代表，並訂定標準，讓協商機構的成員能都平等地討論。特別是在明顯的權力關係下，有些勞工也難以發表立場。因此為了發揮民主，階級高的工作人員們必須率先站出來。

我們活在一個民主的社會，從小就學習民主的溝通與決策，這絕對不難，只要理性發表自己的意見就行了。希望我們能打破現今的框架，創造出橫向溝通的文化。

## 改善認知與文化

最後，希望他們能逐漸改善長期累積下的錯誤認知與習慣。首先，必須以製作團隊為對象，提供各種教育課程。舉二〇一六年十月上映的電影《競走女王》為例，《競走女王》團隊進行包含基本勞動合約的法律義務時，也做了預防性騷擾的教育課程。為了防治性暴力與性別歧視，還將原本播影片給大家看就可以的課程，改成以講授的方式進行。也安排從業人員現身說法，講出自身在暴力環境裡的工作經驗，這些努力都是為了更好的現場環境。

攝影機後面的人們都有著敏銳的感受力，為了製作優秀的連續劇，他們必須專注於作品的故事與角色上，去共鳴、去代入感情。他們的用心讓連續劇故事非常溫暖、觸動人心。但很多時候，現場真正的氛圍和作品完全是兩個不同的世界。工作人員感受到的違和感有多強烈，我們可想而知。為了他們，拍攝現場勢必改變，必須是溫暖的地方、是尊重人們的空間。要改善舊有的認知與文化別無他法，得由現場的人回頭審視今日的文化，依循良心與基本常識來行動。就像《競走女王》一樣，要改變文化本身，需要自身的努力。

## 一起攜手前進

「在這裡工作，比起與家人相處的時間，和工作人員一起度過的時間多更多，這樣感情（照理說）該有多深厚啊。之前有許多很好的關係，但最近（情誼）好像沒有那麼好了。跟從前相比，電視圈環境變得非常糟，該說是變得刻薄了嗎……錢也沒有給得很多，還把底層的人看成錢……（中略）現在我們自己也該改變一下想法了，我們是不是也把自己視為消耗品了呢？當然每次看到片尾名單出現自己名字時，還是會有成就感，不過因為和大家的關係變得冷漠了，所以（成就感的程度）比之前低很多。」

哥哥的死強烈貫穿整個現場，因為他看到中間管理層的惡行後，選擇不依照慣例做，不去壓榨底下的人，但換來的卻是他永遠的離開。連續劇產業結構的問題十分嚴重，單靠一人的力量難以收拾，所以就算暴力與惡習恣意橫行，人們也只會放任一切、不想管。即使這樣，只要再次調整呼吸，留意周遭的人就可以了。讓彼此互相安慰、成為對方的依靠，就能藉此找回成就感。我相信，攝影機後的人們若能成為彼此的力量，那麼他們所做出的作品亦會變得更加閃耀。現在連工會都有了，不用再孤獨地背負沉重的責任，我們要團結一起並壯大力量，將這股力量與其他從業人員分享，讓更好的文化紮根現場。一旦人們與體制都能依序改變，就會誕生讓幕後人員也能幸福的連續劇。

※ 本節資料參考來源：

- 李鍾任，〈韓國連續劇製作實況與競爭構造之問題點〉〈한국 드라마 제작 실태와 경쟁구조의 문제점〉，連續劇製作現場勞動人權改善討論大會（2018）

# 後記
# 韓光PD死亡的意義

## 引爆點（Tipping point）

哥哥過世後，連續劇的世界正在改變。惡劣的勞動環境與不當的待遇，正持續改善。過去不管怎麼努力都改變不了的那座高牆，正一點一點地倒下。

業界的變化能以哥哥的死為起點，是因為過去累積了太多的不合理與傷痛。就像開水煮滾的一百度是變化的起點一樣，這段時間業界的悲傷不斷地累積再累積，爆發的契機就是哥哥的死。

## 最平凡的人

雖然是因為身為弟弟才開始這一連串的活動，但講實在的，哥哥並不是那麼端正不阿的人。很感謝有非常多民眾想要延續哥哥那「高尚」的精神，並給予韓光中心許多支持，但我記得哥哥太多與「崇高」相差甚遠的故事了。想到去參加聯誼後大鬧一場的哥哥，也會覺得實在很丟臉。雖然他是個熱情且認真生活的人，但絕對不是那種「烈士」。這我必須講清楚，我家哥哥整體來說還算不錯，但他也就只是個平凡人，也有不完美的地方。

韓光哥生前的樣子

而且哥哥應該也會覺得自己和烈士差太多，如果在遙遠的將來，我們能再次相遇，我猜哥哥應該會非常害羞，大概也會把拿他的名字來成立中心的我狠狠罵一頓吧。因為不想老的時候還要被哥哥罵，所以我在這裡先道歉。

「哥，對不起啦！」

## 對底層副導們的共鳴

雖然說來矛盾，但正是因為哥哥並不是那麼完美的人，所以他的死亡可以撼動整個連續劇產業。哥哥是個普通的副導，參與了《獨酒男女》的製作。過程中，他遇到業界體制裡的眾多不合理，他對違背神的信念的現場感到失望與憤怒，他抵抗過，也想過要逃避，但最後還是受傷了。他不是英雄，只是個平凡人，所以對邪惡的世界感到憤怒、對改變不了的環境感到沮喪，對無力的自己感到絕望。所以他選擇了死亡。從努力到憤怒，從憤怒再到挫折，這再平凡不過的故事正是哥哥的死。

但這個極為平凡的底層副導之死，帶給現場的工作人員與民眾強烈的刺激和集體意識。到了現在，只要是業界的人，都會將哥哥的事代入自身經驗。不

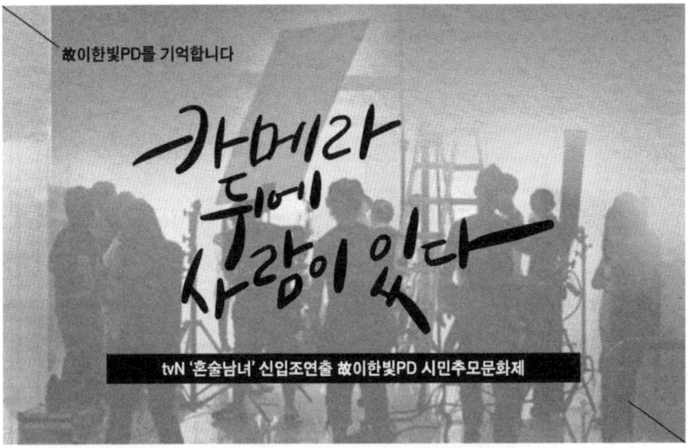
故이한빛PD를 기억합니다
카메라 뒤에 사람이 있다
tvN '혼술남녀' 신입조연출 故이한빛PD 시민추모문화제

韓光 PD 對策委員會與追悼式口號，「攝影機後面有人」：
追思已故李韓光 PD，攝影機後有人，tvN《獨酒男女》新人副導已故李韓光 PD 全民追悼文化祭

對，也許世上所有知道這件事的平凡人都代入過。因此我們既慚愧又抱歉，但同時也下定決心自己絕不能那樣死去。最平凡的死亡能讓所有人產生共鳴，能超越職位高低，共同感受這份傷痛。在連續劇界裡，完全對立的正職與非正職之間的那條線，因為平凡的底層副導之死，而得以解體。它激起了社會的群體意識，並聚集出新的力量，努力前進。哥哥的死成為引爆點，得以炸開連續劇界那堅固高牆的一部分。

## 九宜站事故[38]所感，李韓光筆（2016. 5. 31）

因為提早下班有些時間，去了一趟九宜站。

本來想守在那裡直到末班車的，但實在沒辦法待那麼久，就前往片場了。不知道是悲傷，是憤怒，還是煩躁，所有複雜的情緒一股湧上，讓我頭痛不已，只好從歷史中逃了出來。

必須向體制問罪的死亡是悲哀的。為了活下去才做的勞動，反而讓生命的火苗提早，不對，是一剎那，就熄滅成虛無。

利益也好、效率也罷，空泛的詞藻就這樣輕易地、反覆地踐踏日常。在如此可怕的悲劇裡面，縱然沒有歌詠希望的人，至少也該有一絲的羞愧與反省，但我們連對這些的存在都不抱期待了。

不會滅亡所以無法滅亡的世界。不對，還是該說是無法滅亡所以不會滅亡的世界。不知道哪個才是正確的。但不管是哪一個，都只是令人煩悶的同義詞。無法被解釋的現實又再一次地折斷了一條生命。

我在便利貼上留下簡短訊息，向連長相都不知道的他說聲「今天也辛苦了」。如果不寫上「今天」的話，我好像就會崩潰似地，我用力地寫上了今、天。

耶穌在死亡面前，表現出了不安與挫折。耶穌感受到的不安與挫折沒有被視為懦弱，反而給了人共鳴，至今仍深存於人們的心中。看到九宜站事故而感到憤怒、悲傷的哥哥，就跟「雖然沒有很厲害，但大致上還不錯」的我們一樣。哥哥成了連續劇世界中最平凡的人們的吶喊，世界與韓光哥的聲音有了共鳴。

38 九宜站事故：發生於二〇一六年五月二十八日，在首爾地鐵九宜站獨自修理月台門的外包員工金某，被月台門困住而遭列車輾斃死亡事件。

## 另一位平凡人

而還有另外一個平凡人，那就是我們的母親。如果有人看過《獨酒男女》對策委員會的首場記者會的話，相信都無法輕易忘記媽媽的眼睛和聲音。她對孩子堅定的愛與信任，還有身為母親不得不先送走自己孩子那傷心欲絕的哭喊，讓誰都不敢輕忽這場戰鬥。

全泰壹烈士的母親李小仙女士、李韓烈烈士的母親裵恩深女士、與三星巨大企業對峙的「罹癌工人」父母們，還有因世越號而失去孩子的父母們，我們目睹了最平凡的人們因為「撕心裂肺之痛的死亡」而產生的變化，也看到悲傷昇華後所產生的奇蹟。

別說是記者會了，平常對示威遊行也漠

在對策委員會首場記者座談會上發言的韓光母親金惠英女士

不關心的這些平凡人，在送走孩子後，生活產生了劇烈變化。看見母親們堅強接受並活下去的樣子，讓國民們感到共鳴並自省，凝聚成一股力量。

「媽媽，非常感謝您。」

過去一年，對我來說不只有時間停下了，我對韓光的記憶也停下了。雖然想在「現在這裡」談論韓光，但總是只能回到「他之前那樣那樣……他曾經這樣這樣……」的過去。記得有一年的四月，他在我的包包別上黃色緞帶，說「媽媽，這個小小儀式是代表記得的意思，我們要團結起來」，叫我不要難過。記得啊……是啊……現在我得記得韓光了。得一起向前走、一起活下去才行。為了讓韓光再復活，我有很多要做的事。我要抬頭挺胸，我要好好活著。過去我從韓光那裡得到太多東西了，尤其韓光曾是我生命的希望。我真的有太多太多要回報給韓光的了。韓光啊，謝謝，我會回報你的。

－節錄自「李韓光PD一週年追悼式」母親金惠英追悼詞（2017. 10. 26）－

## 最普通的連續劇

「一開始剛進入業界工作的時候還有想製作的連續劇。但現在作品結束後，連一點小小的成就感都感受不到，只想要快點休息。」

失去夢想的工作人員無力的一句話，明確地指出拍攝現場的問題。身處在攝影機後方那黑暗處裡的人們，他們所遭遇的傷痛，成了改善的起點。

哥哥所受到的傷痛，並不只限於連續劇製作的結構。韓光中心的所有活動都起始於製作連續劇的最普通的人們，若有任何讓這些平凡人感到疼痛的事發生，那這個問題就是我們韓光中心最重要、最迫切需要去解決的事。

至今仍在拍攝現場持續上演的「最普通的連續劇」，是被拿來美化犯罪與黑道的戲碼，它充滿了對弱者的壓榨，總是以悲劇收尾。現在是時候要改變這部「最普通的連續劇」了，要讓它能以喜劇完結。對此，韓光中心會持續努力，不忘初衷，絕對不會錯過攝影機後方這些平凡人的故事。

我只是想看到讓平凡的人不再傷痛、讓一般人也能抱有希望的「最普通的連續劇」而已。我只是真心地希望，不要再有下一個李韓光。為了改變整個體制，我思考過許多解決方式、研究過許多政策，而這些努力的起點、這份初衷，永遠都是來自於攝影機後面那最深、最暗的地方。

韓光哥的傷痛與呼喊已經在這個時代發酵了，而這些悲痛的時間，都會成為讓社會更好的基礎。韓光中心絕對不會讓哥哥的死白費，我們會再三思索，繼續向前邁進。

## 附錄㈠ 媽媽的話

# 龍山慘案[39]

金惠英

二〇〇九年一月發生了龍山案悲劇。即使看到新聞照片還是不敢置信，就像靜止的黑白照片一樣，讓人想把它當成是很久以前的歷史紀錄。不對，應該說像是我花錢去看災難電影時，因為揮散不去的恐怖感而感到後悔的某個場面一樣。我以為這種事只會在電影發生。但在這太過緊迫、可怕、令人束手無策的狹窄空間裡，只能無助地被火包圍然後死去的恐怖情況，是真實存在的。閱讀新聞報導時，我的心顫抖著，非常沉重。看著電視，聽著受害者家屬們要求查明真相的淒慘哭聲，我卻無法到他們的身邊。說實話我很害怕這個情況。雖然心跟著他們一起哭泣，卻無法輕易拿出勇氣做出行動，這是我的極限。

因此我的心經常沉重且憂鬱。閱讀著那些去了龍山後上傳到社群網站的文章，我很羨慕他們的勇氣。因為有他們持續不斷地陪伴，這個世界還算值得活下去。但我連一次都沒能去成的那份虧欠感，就像作業一樣留了下來。總是想著，那是只要在道峰站搭一號線就能到的地方。

在經過漫長時間，我聽到龍山慘案將舉行最終追思彌撒的消息。這次不去的話，似乎會後悔一輩子，所以下了決心一定要去。那時是冬季。當天，丈夫突然說要回鄉下去，奇怪的是韓光和韓率沒有馬上答應。丈夫問他們是否有其他行程，他們兩兄弟勉為其難地說了聲好吧，但也接著問能否延後出發時間。我聽著丈夫及兒子們的對話，想說既然兩個兒子也有事，那這次我可以參加追思彌撒了，於是說自己也先有約了。之後我們決定各自走自己的行程，在深夜搭火車的時間到龍山站會合。為了趕上追思彌撒的時間，我做好提早出發的準備。但不知道是不是冥冥之中自有註定，丈夫也突然有其他的事，因此自

39 龍山慘案：發生於二〇〇九年一月二十日，在首爾龍山區警方驅趕要求賠償的原住戶過程中，雙方發生激烈衝突並引發火災，導致七人死亡，二十餘人受傷。

然就變成隔天一早再從龍山出發，不用在追思彌撒中途離開去搭火車。

與首爾璀璨的夜景不同，附近相當漆黑，有些擔心且心痛。不知道哪裡是哪裡，只好往看似有最多人的地方走。在狹窄細長的巷弄中，正在準備著彌撒。巷子早已擠滿了人，排成長長的隊伍坐著，只看得到前面的人的背影，我躊躇地找了空位坐下。好冷，從地面爬上來的冷空氣冷到骨子裡。非常怕冷的我，不知道自己是在做彌撒還是在與寒冷對抗，才一個小時就痛苦不已，想立刻逃跑。好不容易才能參加一天，但我卻是如此不堪，我感到非常羞愧。對在這裡懇切要求查明真相，長時間住在這裡的遺屬、神父與社會團體感到抱歉。

我排隊想要領聖體，然後看到了熟悉的背影。韓率就站在前面，還在想著不會吧，結果還真的是他。我輕輕地喊了聲韓率啊，而他也轉過身來。他看到我後有些難為情，並說：我知道媽媽你很謹慎，怕你擔心所以沒有說就來了。而彌撒結束出來後，我又在狹窄的巷弄盡頭遇到韓光，既高興又奇妙。我在神父的強力推薦下，買了兩本詩人宋慶東寫的龍山慘案相關詩集，而兩個兒子手中也都拿著同樣的詩集。之後在搬到套房時，發現書架上的這些詩集與《現在您下車的站是龍山慘案站》（作家宣言 6．9，實踐文學社，2009）等龍山慘案相關的書，已經超過了十本。我問韓光說「怎麼不分些給朋友」，他回答「已經給很多出去了，也有朋友已經有了」。

之後從韓光的朋友那得知，他很關注龍山慘案，為了撫慰那些受害者們，他參與了許多追思活動。我認為他這樣生活是沒有錯的。我認為這是很正常且健康的生活。但為什麼這樣活著的韓光，會這麼快就離開我身邊呢？而我為什麼對於在這個場合裡，短暫遇到韓光與韓率這件事感到不自在呢？

二〇一七年四月十八日，韓光的死首次在記者座談會上公開討論，隔天起我在 CJ ENM 前進行了一人示威，為了查明韓光死亡的真相、為了要求公司正式道歉、為了解決連續劇勞動現場的問題。在韓率回軍隊的前一天，我首次站上街頭。我從來沒有示威過，會有人因為關心別人的事而行動嗎？我感到擔心。但實際上，有許多人與我一起示威，甚至多到預約都滿了。其中全材淑女士（龍山慘案已故李商琳的夫人）也助我一臂之力，她輾轉得知韓光有參與龍山靜坐示威的事，於是自願表示要一同參與。日後從對策委員會那裡聽到這件事，我心裡很感動。「一起幫忙這件事，不是幫忙撐傘，而是一起淋雨」這句話，炙熱地化為現實。

謝謝。這是很大的安慰。

※本文由韓光PD的母親為了紀念李韓光，持續於韓光媒體勞動人權中心連載的文章之一。筆於2018年8月。

# 前往攝影機之後

## 附錄(二) 現場就業記

李韓率

二〇一八年秋天，我曾短暫到連續劇現場工作。找工作比想像中得簡單，介紹的中介單位主要找的是「簡單能用，用完就可以丟棄」的人。因為這不穩定的工作特性，我反而沒有經過很複雜的確認程序，就輕鬆就業了。

喊著「讓我們一起成為改善電視勞動環境的一道光吧！」煞有其事地成立了韓光中心。但真正要投入實戰時，沒有現場經驗這點一直讓我感到自卑，也難以確認我們提出來的解決方法究竟有沒有效果。每次只要現場一傳出問題，我們便不管三七二十一地立刻處理，但這樣真的妥當嗎？我開始焦躁起來。

連續劇片場後面的樣子

所以我必須親自進入拍攝現場，也幸好目前的工作在秋天較有空閒，我獲得了短時間的諒解，也在片場找到短期的基層工作，條件正好吻合。

韓光中心用各種方式與幕後工作者接觸。藉由「媒體申冤鼓」接受舉發，並在上岩洞經營「媒體勞動中心」，提供從業人員們可以休息的空間。我們也會造訪示威現場、進行實況調查。雖然我們有很多機會遇見現場的工作人員，但在與勞工們相處的每個瞬間，一直都是非常小心翼翼的。如果所有問題都可以笑著談話解決該有多好，但事實並非如此。有時候也要讓電視台與製作公司感受到麻煩，才能給他們當頭棒喝。這所有的行動，都是希望能給片場勞工們帶來小小幫助，所慎重做出的結果，但其實我心裡的某個角落，也經常擔心著這樣是不是過猶不及了呢？

韓光中心從一開始就沒有賺錢或擁權的必要。我們的目的很單純，就是讓連續劇界的勞動環境更好，能實現一些哥哥的期望。但也擔心到目前為止的所有行動，如果讓現場從業人員過度有壓力，或導致他們受傷的話，中心成立的宗旨也會變質，這些煩惱一直沒有盡頭。

持續煩惱的同時，我也注意不要把這次的「現場就業記」鬧大。只要記住我是為了強化韓光中心的力量才來到這裡的，沒有必要讓未被舉發的現場也緊張起來。我決定安靜地作一名工作人員，扮演連續劇製作的一塊拼圖。而為了搭上清晨五點前往片場的巴士，我便出發前往汝矣島了。

雖然身邊的人都說我好像在「偽裝就業」，但我其實沒有什麼宏大的目標。我從一開始就沒有想像暗行御史[40]一樣巡邏現場，發現不好的製作團隊就帥氣戰鬥，也沒有想說服大家加入工會。真的只是因為沒有現場經驗才去的。我想要熟悉連續劇業界，並以一名勞工，全程參與連續劇的製作過程。哥哥用愛苦撐了一年的拍攝現場，我一定也要進去體驗一次。

「這是我長久以來的夢想，所以才能繼續留下來。」

現場的問題又出現了。過去只從話語或文字上聽過的事，現在鮮明地躍然眼前。這時候，比起現場體制的缺陷，更讓我心酸的是，當事者們說出的每一句話。

「平常都只有給小菜，今天有飯吃還真好。三天沒飯吃早就是基本的。」

一起吃飯的一位同事很高興地默默說出這句話，讓我瞬間沒了胃口。有些

40 暗行御史：朝鮮王朝特有的臨時職位，是由國王直接任命的臥底官員。他們會被派往各省監督政府官員並暗自照顧百姓。

拍攝現場為了趕上電視的播放日程，連飯都沒有好好讓人吃，拍完再丟給工作人員們幾根巧克力點心條就了事。哥哥過世已經兩年半了，但讓現場的人高興的卻是「有給我飯吃」。想到這，羞愧與罪惡感就一股腦地湧上，只能咬緊牙關，把飯吞下去。

休息時間，我與一位工作人員聊天。他畢業於電影系，當過FD、副導、小配角等等，做過各式各樣的工作，有五年的工作經驗。他看著很明顯就是菜鳥的我，突然問我：「你有多喜歡連續劇？」然後，他接著說：

「這裡的工作，要不是因為喜歡的話才撐不下去。這是我長久以來的夢想，所以才能繼續留下來。」

這句話聽起來令人非常難過，但我絕對忘不了當時他那熱切的眼神。因為這個地方無法給予新人任何期待。拿必須忍受艱難現實為理由來讓夢想墮落，但卻也只能拿夢想為理由繼續撐下去。當時他說著那番話的寂寞感，就像入冬吹來的寒風一般，強烈地留在我的身上。

其實，我的目的還是失敗了。沒撐多久，我的身份就暴露了。現場的某位管理者，趁大家都在的時候說：「你是從韓光中心來監視的嗎？」全場氣氛瞬間就冷了下來，之後只能尷尬地進行拍攝。雖然不是故意要造成現場麻煩的，但還是做了很抱歉的事。而現在說起來可能很像馬後炮，但過了兩週左右，該連續劇還被人向韓光中心舉發，搞得好像是我去檢舉的一樣。

當然我承認這次是我想得太簡單了，所以才造成現場的困擾，但我還是沒有放棄。不管是要再次前往現場，還是用其他方式，只要不帶給工作人員傷害，我絕對不會停下各式各樣的努力。如果有從業人員正閱讀這本書的話，想再次拜託你，與韓光中心一起努力，為了更好的製作環境付諸行動吧。

在結束現場工作回家的路上，混亂的腦中只能整理出這句話：

「希望這些人可以真正的幸福。」

連續劇最後一集結束後，最後一個畫面會放所有工作人員的照片。這是攝影機後的人們最初、也是最後站到攝影機前的時刻。哥哥離開世上後，不論連續劇的結局再怎麼快樂，只要這個畫面一出現，我心中的某一角就狠狠發

在 CJ ENM 前接力的一人示威

痛。「哥哥也站在那裡一起笑著的話，該有多好啊！」看著這些照片一分多鐘，無用的想法持續在腦中打轉。比起美麗帥氣的藝人，慌忙奔跑的工作人員更讓我印象深刻。「什麼時候我才能跟這些人建立關係、要如何才會變得如此特別？」「為什麼比起無數的連續劇畫面，最後那一幕更強烈地留在腦中呢？」我一邊在現場工作，腦中一邊浮現出數不清的疑問。

在與 CJ ENM 激烈抗爭的時期，我正在軍中服役。訓練結束後，其他同梯都在休息時，我為了多讀一些與連續劇相關的資料而熬夜。早一天也好，只想快點到外面去找《獨酒男女》的工作人員們調查真相，連不用做的事也都做，拚命地積假。害怕休假被取消，所以就算人品低級的幹部辱罵我，我也笑笑回答。可能是因為這時的記憶吧，現在只要看到軍服、聽到槍聲，或新聞中出現國軍機務司令部的消息時，都會湧起驚恐的情緒，擋都擋不住。

「希望這些人不要痛苦。」

坦白說，每次只要看到幕後工作人員，我的心情就會變得沉重，部分原因是因為哥哥不在那裡，但也或許是因為想到激烈苦撐下來的那段歲月，情緒便瞬間猛烈襲來。對我來說，「連續劇」是相當困難且可怕的，但另一方面它也成了我人生的一部分。我真心想看到讓製作者們不再痛苦的連續劇。本來以為與我這輩子都無關的連續劇工作，就這樣成了我的人生，但我並沒有覺得委屈或後悔。這個工作是可以讓我堂堂正正站在韓光哥面前的唯一選擇。如果迴避了，那我一輩子心裡都會不舒服。只要幕後工作人員幸福，我也會跟著變幸福。雖然不太清楚正確方法，但就像 CJ ENM 正式道歉了一樣，會一步一步地創造出變化的。總有一天，工作人員們也可以找回成就感，快樂地拍攝。如果那一天真的到來，我就算看到連續劇最後一幕的工作人員照片，心裡也不會劇烈疼痛，而是能心滿意足地看著了吧。

我邊回憶著在那裡某處一同笑著的哥哥，邊這樣想著。

附錄㈢ 韓光PD的話

# 關於捐款

李韓光

從歐洲回來後，發現六週的實習薪水進帳了。這是第一次，我拿到的不是零用錢，而是根據勞動合約，以生計為目的進行勞動的代價。起始是重要的。因為是第一份薪水、因為沒有存款、因為要還錢、因為要買房……等等，一想到這些事情，捐款永遠都會往後延。

但無論如何都要捐出這薪資的一部分，這是我在一開始實習時就下的決心。煩惱了六週到底要捐多少，薪水微薄所以給個10％？還是應該要捐20％才對呢……那時我總是在計算這些。但在拿到薪水後，即使錢本來就不多，還是想著10～20％哪夠塞牙縫，一口氣捐了一半出去。雖然之後可能會後悔，但我現在心情很好。我捐了兩個地方。

## 416協會[41]

下定決心要把薪水捐出去時，就幾乎同時決定要給世越號了。在韓國有誰不會這麼做呢，憤怒就是如此巨大。我自己生澀摸索出來的世界觀，也在事件發生後改變許多。世越號沉沒當時我正在服兵役。休假時去參加了好幾次的靜坐示威（軍人禁止從事政治活動？我無法理解義務兵在離營的時候從事政治活動，與軍隊的信賴有什麼關係）但說到底，我還是無法給予與事件同等重量的關注並陪著他們，不論是安慰還是抗爭，希望那些因世越號而傷痛的人們，至少能比現在再稍微多點笑容，我懷著這樣的心情捐出了款項。

41　世越號事件：二〇一四年四月十六日發生的一起船難，造成三百餘人罹難，至今仍有失蹤者。

## ＫＴＸ乘務員解僱[42]

ＫＴＸ乘務員的鬥爭起始於二〇〇六年，決定上法院解決是在二〇〇七年底，這件事與學號為08[43]的我沒有直接相關，是只有在書本上讀過的過去鬥爭，且它從二〇一〇年左右起也有好消息陸續傳出。而在二〇一五年突然成為現在進行式且令人難過的鬥爭。

二〇一〇年高等法院判決乘務員們勝利，鐵路公司支付了乘務員們薪水。而在五年後，大法院靠攏鐵路公司，甚至叫他們把過去拿到的錢交出來。乘務員一人要吐出的錢是八千六百萬韓圜（約新台幣兩百二十萬元），讀到報導時我呆住了幾分鐘。

被法院擺了一道的乘務員，他們所承受的負擔，光靠我捐出去的款項幾乎無法分擔。不過因為知道不是只有我一人捐款，所以仍抱持著希望。ＫＴＸ、E-Land、Kiryung 電子、清潔工人，對於這些非正職員工的戰鬥，認知應該已經改變了。即使如此，乘務員們卻無法享受到自己所改變的世界的幸福。這也是在世越號之後，我選擇捐給ＫＴＸ乘務員的原因。我也公開上傳了文章。

之後正式拿到月薪時，也得定期捐款才行呢。要做的事好多啊。

※原文為韓光PD寫於二〇一六年三月收到第一份薪資後上傳至臉書的文章。本文為潤飾後之內容。

42 KTX乘務員解僱事件：二〇〇四年四月受派遣公司僱用的女性非正職乘務員，因韓國鐵道公社原答應會轉其為正規職卻無履行承諾，勞工組織起來抗爭卻遭到集體解僱的事件。

43 學號為08：表示二〇〇八年的畢業生。

# 謹記世越號一週年

李韓光

櫻花盛開，綠草草香撲鼻，但四月依舊寒冷。人類是善忘的動物，所以會忘記簡單的事實，我把大衣摺好放進衣櫃深處，然後在四月的寒冷中反覆凍得要死。我沉醉於早春的氣息中，但也沒能避開冰涼的寒意。但今年，四月的寒冷卻將被薄衣物蓋住的皮膚刺得發疼。想著去年這個時候有這麼冷嗎，胸口一側揪了一下。溫暖的陽光在寒冷中顫抖，我想起在冰冷的海中被折磨的孩子們。拉了拉衣領，想著自己到底有什麼資格想要避寒，我感到愧疚。對人類來說，「共鳴」的能力既是不幸的原因，也是幸福的源泉。在不是自身，而是我愛的人、相處過的人的事情上；在不認識、只在新聞影片與報紙字句相遇的他人人生中，我們又痛苦，又快樂。然而，即使我們無法直接感受到某人遭遇的痛苦，但若這份痛苦是起因於我所放置不管的世界，那麼即使是完全不認識的陌生人的痛楚，我們的心還是會刺痛。

一年前的四月十六日，在「孟骨水道」這個陌生的海洋中，一艘有著不祥之名的船——「世越號」沉沒了。如果這是個如三八線[44]北側一樣、如數十年前一樣，所有資訊都被管制，什麼都無從得知的地方，說不定還不會那麼痛苦。那天，我們的電視、網路、收音機、辦公室、學校，不管在哪裡都聽到了第一時間傳來的消息。連全數獲救的速報，莫名其妙翻船沉沒的瞬間，我們全都感覺到了。人類具有的感同身受能力，現在成了可怕的酷刑，要在想像得到的殘忍中活下來。「安靜乖乖待著」的電視與總統的七小時、超載、非法增建、變更航路、船舶交通管理系統（ＶＴＳ）等訊息，全都轟隆作響地喧鬧著。但沒有人想到要阻止受害者、遺屬，還有我們的心沉沒。就算問著為何會發生這種事，對已疲憊不堪的他們來說，只是迴避責任、違背道德倫理、交通

44　三八線：韓半島的軍事分界線。

事故等玩笑話混亂地交雜著而已。再次來到四月冰冷的海，聽不到九名失蹤者整理衣領的聲音。被專家、權貴等自以為聰明的人的吵鬧聲埋沒了，現在連哭聲也聽不太到了。

不知不覺過了一年。季節轉了一圈，又回到原點，但奇怪的是，世界還是一步一步地前進了。海警解除了、一人之下萬人之上的國務總理換人了、有幾個人脫下衣服進監獄了、無數法案通過了。社會上許多地方也關注起安全議題，腳步咯噔咯噔地移動，反省與改善不斷接連下去。在無法播出綜藝節目與連續劇的廣播電視圈中，提出了內容不足的反省。因為沒有適合「追思氛圍」的電視節目，所以把幾個節目冷飯熱炒。啦啦隊消失的棒球場重新評估了加油文化。新聞工作者們批判自己的報導型態，做出自我規範。水邊救生箱的聲納被換成粗劣的工具。隨著腐敗醜聞的消息被證實，編織出了一排一排的星星。看著一個個「偉大的進步」，我們的腦中只想得出一句話：「所以那又怎樣？」

不論是打撈、查明真相、撤回施行令、處罰負責人，還是是制定防範對策，難懂的話滿天飛。那些被剝奪未來看櫻花與體驗春寒機會的孩子們、那些依舊無法離開港口的家人們的呼喊，這裡有人在側耳傾聽嗎？只要是擁有感同身受能力的人類，都該感受到的痛楚、愧疚、責任感，這裡有能感受到的人嗎？韓國社會的積弊到底有多深，在超過三百個生命熄滅，過了一年多了，還是只能拐彎抹角，無法直攻核心？如果這真的是積弊的問題，那麼製作安慰累積這些積弊的老一輩世代的電影，有千萬名觀眾一同哭泣的那年夏天，就好像是殘忍的童話。的確，在因失去子女的傷通而絕食的他們身旁吃漢堡的超現實主義行為藝術，充分地證明了我們的殘酷。

我們的感同身受不能再僅止於別上黃絲帶、點燃燭火了。一年的時間已經是個警示燈，告訴我們，我們的共感能力已不復存在。在整個體制的死亡面前，證明不存在的負責行為就到此為止，我們無法掐著誰責怪他。把熄滅了三百零四個未來的責任分成N分之一的行為也該停下。得在無恥之徒的嘴上套上口枷，創造出敲醒他人的聲音。讓我們對悲鳴聲、哭聲產生共鳴吧。已經太遲了，不，在去年的四月十六日我們就已經遲了。打撈、施行令、查明真相等課題，只是我們恢復人性、證明活著的第一件工作。我們真正該走的進步之路，就從這裡開始。

※原文寫於二〇一五年四月，韓光PD為追悼世越號一週年寫於個人部落格之文章。本文為潤飾後之內容。

社科苑 01

# 消逝的韓光

## 低薪、過勞、霸凌，揭發華麗韓劇幕後的血汗與悲鳴

消逝的韓光：低薪、過勞、霸凌，揭發華麗韓劇幕後的血汗與悲鳴 / 李韓率著；高毓婷譯. -- 初版. -- 臺北市：日月文化，2020.01
面；　公分. -- (社科苑；1)
ISBN 978-986-248-853-9　(平裝)
1. 勞動問題　2. 電視產業　3. 韓國
556.0932　　108019790

作　　者：李韓率
翻　　譯：高毓婷
編　　輯：郭怡廷
修潤校對：曹仲堯、郭怡廷
內頁排版：簡單瑛設
封面設計：謝佳穎
行銷企劃：林盼婷

發 行 人：洪祺祥
副總經理：洪偉傑
副總編輯：曹仲堯
法律顧問：建大法律事務所
財務顧問：高威會計師事務所

出　　版：日月文化出版股份有限公司
製　　作：EZ叢書館
地　　址：臺北市信義路三段151號8樓
電　　話：(02) 2708-5509
傳　　真：(02) 2708-6157
網　　址：www.heliopolis.com.tw
客服信箱：service@heliopolis.com.tw
郵撥帳號：19716071日月文化出版股份有限公司

總 經 銷：聯合發行股份有限公司
電　　話：(02) 2917-8022
傳　　真：(02) 2915-7212

印　　刷：中原造像股份有限公司
初　　版：2020年1月
定　　價：350元
I S B N：978-986-248-853-9